智慧物业实践从入门到精通

万洁集团智慧物业项目策划中心　组织编写
徐润　主编

化学工业出版社
·北京·

内容简介

《智慧物业实践从入门到精通》一书从智慧物业消防系统、智慧物业安防系统、智慧物业保洁管理系统、智慧物业能源管理系统、智慧物业设备管理系统、智慧物业服务平台、智慧物业车辆管理系统等方面详细介绍智慧物业的建设与应用，助力物业服务企业管理效能提升，服务和管理标准化，进一步降低人工投入成本，同时提高物业管理的效率和质量。

本书内容翔实，图文并茂，实用性强，对从业人员有较大的帮助。本书适合物业管理处经理（主任）、客服主管、安全主管、工程主管、保洁主管、绿化主管，以及新入职物业人员、职业院校相关专业的学生参考使用。

图书在版编目（CIP）数据

智慧物业实践从入门到精通/万洁集团智慧物业项目策划中心组织编写；徐润主编．—北京：化学工业出版社，2021.10

ISBN 978-7-122-39576-4

Ⅰ．①智… Ⅱ．①万…②徐… Ⅲ．①智能技术-应用-物业管理 Ⅳ．①F293.347-39

中国版本图书馆CIP数据核字（2021）第144620号

责任编辑：陈　蕾　　　　　　　　　　装帧设计：尹琳琳
责任校对：王　静

出版发行：化学工业出版社（北京市东城区青年湖南街13号　邮政编码100011）
印　　装：大厂聚鑫印刷有限责任公司
787mm×1092mm　1/16　印张16　字数307千字　2021年10月北京第1版第1次印刷

购书咨询：010-64518888　　　　　　　　售后服务：010-64518899
网　　址：http://www.cip.com.cn
凡购买本书，如有缺损质量问题，本社销售中心负责调换。

定　　价：68.00元　　　　　　　　　　　　　　　　　版权所有　违者必究

《智慧物业实践从入门到精通》
编写人员

主任（主编）：徐　润

编　　委：

李　娜	章怀文	孙国旗	陈旭红	王玉萍
范　宇	褚锡铭	杨耀贺	邓宝娟	王　丽
石　雪	刘广兰	钟　玮	李　岩	李　贺
马秀军	邹　珊	门丽杰	李　彬	夏志永
阎思坛	赵红丽	徐付军	匡仲潇	滕宝红

鸣谢单位：

深圳万洁物业科技服务有限公司

辽宁万洁科技服务集团有限公司

苏州云鲸科技有限公司

沈阳宝华企业管理有限公司

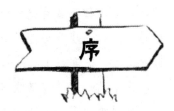

随着全球化的发展，人与人之间的关系变得越来越紧密，因此对技术的依赖性也越来越强。新一轮人工智能、5G、区块链、大数据、云计算、物联网技术正在改变人们处理工作及日常活动的方式，大量智慧终端也已开始应用于人类社会的各种场景。虽然"智慧城市"的概念提出已有很多年，但作为城市发展的未来，问题仍然不少。但最重要的，是我们如何将这种新技术与人类社会实际场景有效地结合起来！

传统理解上，人们普遍认为利用数据和数字化技术解决公共问题是政府机构或者公共部门的责任，但实际情况并不尽然。虽然政府机构及公共部门是近七成智慧化应用的真正拥有者，但这些应用近六成的原始投资来源于企业或私营部门。可见，地方政府完全不需要由自己主导提供每一种应用和服务。目前也有许多智慧城市采用了借助构建系统生态的方法，通过政府引导、企业或私营部门合作投资，共同开发智慧化应用创新解决方案。

打造智慧城市最重要的动力是来自政府管理者的强大意愿，政府和公共部门可以思考在哪些领域可以适当留出空间，为企业或其他私营部门提供创新余地。合作方越多，应用的使用范围就越广，数据的使用也会更有创意，从而带来更出色的效益。

与此同时，智慧解决方案也正悄然地改变着城市基础设施运行的经济效益，促使管理部门对包括政务、民生、环境、公共安全、城市交通、废物管理等在内的城市基本服务方式进行重新思考。而对企业而言，打造智慧城市无疑也为他们创造了新的机遇。因此很多城市的多个行业已经逐步开始实施智慧化的解决方案，变革现有的产品和服务方式。比如，药店连锁企业开始变身为远程医药提供商，而房地产开发商开始将自动化系统、传感器、出行方案等整合到其物业管理中，形成智慧社区。

1. 未来的城市

智慧城市将基础设施和新技术结合在一起，以改善公民的生活质量，并加强他们与城市环境的互动。但是，如何整合和有效利用公共交通、空气质量和能源生产等领域的数据以使城市更高效有序地运营呢？

5G时代的到来，高带宽的支持与物联网（IoT）融合，将使城市运营问题有更好的解决方案。作为智慧技术应用的一部分，物联网使各种对象和实体能够通过互联网相互通信。通过创建能够进行智能交互的对象网络，门户开启了广泛的技术创新，这有助于改善政务、民生、环境、公共安全、城市交通、能源、废物管理等方面。

每年巴塞罗那智慧城市博览会世界大会，汇集了全球城市发展的主要国际人物及厂商。通过提供更多能够跨平台通信的技术，物联网可以生成更多数据，有助于改善日常生活的各个方面。城市可以实时识别机遇和挑战，通过在问题出现之前查明问题并更准确地分配资源以最大限度地发挥影响来降低成本。

2. 效率和灵活性

通过投资公共基础设施，智慧城市为城市带来高效率的运营及灵活性。巴塞罗那市通过在整个城市实施光纤网络采用智能技术，提供支持物联网的免费高速Wi-Fi。通过整合智慧水务、照明和停车管理，巴塞罗那节省了7500万欧元的城市资金，并在智慧技术领域创造了47000个新工作岗位。

荷兰已在阿姆斯特丹测试了基于物联网的基础设施的使用情况，该基础设施根据实时数据监测和调整交通流量、能源使用和公共安全等领域。与此同时，在美国波士顿和巴尔的摩等主要城市已经部署了智能垃圾桶，这些垃圾桶可以传输它们的充足程度数据，并为卫生工作者确定最有效的接送路线。

物联网为愿意实施新智慧技术的城市带来了大量机遇，大大提高了城市运营效率。此外，大专院校也在寻求最大限度地发挥综合智能技术的影响力，大学本质上是一个精简的微缩城市版本，通常拥有自己的交通系统、小企业以及自己的学生，这使得校园成为完美的试验场，智慧教育将极大地提高学校老师与学生的互动能力、学校的管理者与教师的互动效率、学生与校园基础设施互动的友好性。在校园里，您的手机或智能手表可以提醒您一个课程以及如何到达课程，为您提供截止日期的最新信息，并提示您从图书馆借来的书籍逾期信息。虽然与全球各个城市实施相比，这些似乎只是些小改进，但它们可以帮助形成未来发展的蓝图，可以升级以适应智慧城市更大的发展需求。

3. 未来的发展

随着智慧技术的不断发展和城市中心的扩展，两者将相互联系。例如，美国、日本、英国都计划将智慧技术整合到未来的城市开发中，并使用大数据来做出更好的决策以升级国家的基础设施，因为更好的政府决策将带来城市经济长期可持续繁荣。

Shuji Nakamura（中村修二），日本裔美国电子工程师和发明家，是高亮度蓝色发光二极管与青紫色激光二极管的发明者，被誉为"蓝光之父"，擅长半导体技术领域，现担任加州大学圣芭芭拉分校材料系教授。中村教授获得了一系列荣誉，包括仁科纪念奖（1996）、英国顶级科学奖（1998）、富兰克林奖章（2002）、千禧技术奖（2006）等。因发明蓝色发光二极管即蓝光LED，2014年他被授予诺贝尔物理学奖。

诺贝尔奖评选委员会的声明说："白炽灯点亮了20世纪，21世纪将由LED灯点亮。"

前言

物业管理与服务已成为我国社会发展最快的行业之一，物业服务质量及管理水平直接影响到客户对物业管理与服务的满意程度，以及物业服务企业的经营效益。目前，物业服务类型已涉及住宅、写字楼、商业场所、工业区、医院、学校、酒店等，物业服务面积达数百亿平方米。物业管理，管理的是物，服务的是人，通过对物的管理，实现对人的服务。只有在这种理念的支配下，才能真正做好物业管理工作。

当前，大数据、5G技术等数字技术高速发展，以及"互联网+"和数字中国等国家战略的实施，其应用已经渗透到社会生产与生活的方方面面，作为社会服务的物业管理行业也不例外，物业管理企业需要迫使自身的物业服务向专业化、标准化与智慧化方向发展。

智慧物业的构建有助于物业服务升级，为业主提供更加优质、安全与便捷的服务体验，也有助于物业管理企业的可持续发展，在企业内部管理的预测、分析以及决策等方面发挥着重要的作用，有助于物业管理企业的可持续发展。

智慧物业建设就是实现企业要素的数字化感知、网络化传输、大数据处理和智能化计算，以网络连接、平台支撑、数据驱动、智能服务为其主要特征，打造企业智慧大脑，进而实现即时的智慧决策，为客户提供极致的服务体验，能极大提高企业运营效率，可以促进企业商业模式变革，从而推动行业服务升级与产业体系蝶变。因此加快智慧物业建设，对企业抢占转型升级先机意义重大。

智慧物业建设就是引导企业将"为业主营造美好生活"的愿景，融入物业管理的日常工作中，努力提供专业化、标准化、精细化和多元化的服务内容，不断提升业主的幸福感和获得感，助力建设和谐社区。

本书由八章组成，具体包括以下内容。

•智慧物业概述，包括智慧物业认知、智慧物业服务平台、智慧物业管理系统三节。

•智慧物业消防系统，包括智慧物业消防系统概述、火灾自动报警系统、消防联动控制设备、消防联动控制器四节。

•智慧物业安防系统，包括智慧物业安防系统概述、视频监控系统、入侵报警系统、门禁管理系统、访客管理系统、电子巡更管理系统、车辆出入管理系统七节。

·智慧物业保洁管理系统，包括智慧物业保洁管理概述、智慧清洁管理系统、智能清洁设备、智能垃圾分类、保洁7S服务标准五节。

·智慧物业能源管理系统，包括能源管理系统概述、能耗监管系统、智慧排污处理监管系统、智慧灯杆系统、智慧供配电管理系统、景观智能照明控制系统六节。

·智慧物业设备管理系统，包括智能设备运维系统、智能梯控系统、智能灌溉系统、智能环境监测系统四节。

·智慧物业服务平台，包括社区O2O服务平台、园区物管云平台、微信公众号服务平台、物业APP服务平台四节。

·智慧物业车辆管理系统，包括停车场管理系统、无人值守停车系统、车位引导系统、新能源车辆充电桩四节。

本书由万洁集团智慧物业项目策划中心组织编写，徐润主编，书中大量的作业文件和图片主要由万洁科技服务集团提供，全书由匡仲潇审核。

由于编者水平有限，书中难免出现疏漏，敬请读者批评指正。

编者

01
第一章 智慧物业概述

第一节 智慧物业认知 ·· 2
一、何谓智慧物业 ·· 2
二、智慧物业的本质 ·· 3
三、智慧物业的应用 ·· 3
　　相关链接　智慧物业的发展是大势所趋 ·············· 6

第二节 智慧物业服务平台 ·· 7
一、智慧物业服务平台的功能 ······································ 7
二、智慧物业服务平台的搭建 ······································ 9
　　相关链接　××智慧物业云平台 ·························· 10

第三节 智慧物业管理系统 ·· 12
一、何谓智慧物业管理 ·· 12
二、智慧物业管理系统的意义 ······································ 12
三、搭建智慧物业管理系统的原则 ································ 13
四、智慧物业管理系统的需求 ······································ 13
五、智慧物业管理系统的组成 ······································ 14
　　相关链接　智慧物业管理的要求 ·························· 16

第二章 智慧物业消防系统

第一节 智慧物业消防系统概述 ································· 20
一、智慧物业对消防系统的要求 ································· 20
二、何谓智能消防系统 ····································· 20
三、智能消防系统的构成 ··································· 20
四、智能消防系统的功能 ··································· 21

第二节 火灾自动报警系统 ····································· 22
一、火灾自动报警系统的构成 ································· 22
二、火灾探测器 ··· 22
三、手动报警按钮 ······································· 30
四、火灾报警装置 ······································· 31
五、火灾警报装置 ······································· 35
六、火灾自动报警系统设计 ··································· 35

第三节 消防联动控制设备 ····································· 37
一、何谓消防联动控制设备 ··································· 37
二、自动喷水灭火系统 ····································· 37
三、消火栓灭火系统 ······································· 39
四、防火卷帘（门）系统 ··································· 41
五、防排烟系统 ··· 41
六、火灾应急广播系统 ····································· 42
七、消防电话系统 ······································· 43
八、电梯迫降系统 ······································· 44
  相关链接　对消防联动控制设备的运行管理 ······················· 44

第四节 消防联动控制器 ····································· 45
一、何谓消防联动控制器 ··································· 45
二、消防联动控制器的作用 ··································· 46

三、消防联动控制器的功能 46

四、消防联动控制器的分类 47

第三章　智慧物业安防系统

第一节　智慧物业安防系统概述 50

一、智慧物业安防系统的要求 50

二、智慧物业安防系统的组成 50

三、智慧物业安防系统的总体架构 52

第二节　视频监控系统 53

一、何谓视频监控系统 53

二、视频监控系统的功能 54

三、视频监控系统的组成 55

【案例】××小区视频监控系统智能化综合解决方案 55

四、高空抛物监测预警 61

第三节　入侵报警系统 62

一、何谓入侵报警系统 62

二、入侵报警系统的基本组成 62

三、入侵报警系统的主要设备 63

四、入侵报警系统的主要功能 63

五、入侵报警点的设置部署 65

第四节　门禁管理系统 66

一、何谓门禁管理系统 66

二、门禁管理系统应满足的功能 66

三、门禁管理系统构成模式 67

四、门禁管理系统的构成 68

五、识读器的分类及特点 69

六、电子通行证 72

第五节　访客管理系统 ·· 74

一、何谓访客管理系统 ·· 74

二、访客出入口管控制的方式 ·· 74

三、访客管理系统的功能 ·· 75

四、访客管理系统的设计 ·· 75

第六节　电子巡更管理系统 ·· 76

一、何谓电子巡更管理系统 ·· 76

二、电子巡更管理系统的分类 ·· 77

三、电子巡更管理系统的组成 ·· 80

第七节　车辆出入管理系统 ·· 81

一、何谓车辆出入管理系统 ·· 81

二、车辆出入管理系统的功能 ·· 81

三、车辆出入管理系统的组成 ·· 82

四、车辆出入管理流程 ·· 82

04
第四章　智慧物业保洁管理系统

第一节　智慧物业保洁管理概述 ······································ 86

一、何谓物业保洁管理 ·· 86

二、保洁管理的范围 ·· 86

三、保洁管理的意义 ·· 87

四、传统物业保洁痛点 ·· 87

五、保洁管理的目标 ·· 88

【案例】万洁物业公司针对××项目制定的管理目标 ················· 89

第二节　智慧清洁管理系统 ·· 93

一、何谓智慧清洁管理系统 ·· 93

二、智慧清洁管理系统的优势 ·· 94

三、智慧清洁管理系统的功能 ·· 94

第三节　智能清洁设备 ································· 98

一、智能清洁设备对现场品质的把控 ····················· 98
　　相关链接　宝华物业大理石清洁与养护方法 ··········· 100
二、智能清洁设备的可视化管理 ························· 102
三、智能清洁设备的分类 ······························· 102
四、硬地面清洁设备 ··································· 103
　　相关链接　万洁集团研发的云鲸洗地机 ··············· 104
五、软地面清洁设备 ··································· 107
六、户外清扫设备 ····································· 108
七、智能消毒机器人 ··································· 109

第四节　智能垃圾分类 ································· 110

一、垃圾分类的意义 ··································· 110
　　相关链接　垃圾分类中，物业公司的责任 ············· 110
二、实行标准化垃圾分类措施 ··························· 111
三、配套智能垃圾分类设施 ····························· 112

第五节　保洁7S服务标准 ······························· 115

一、何谓7S服务标准 ··································· 115
二、整理 ··· 115
三、整顿 ··· 116
四、清扫 ··· 116
五、清洁 ··· 117
六、素养 ··· 117
七、安全 ··· 118
八、节能 ··· 119

05

第五章　智慧物业能源管理系统

第一节　能源管理系统概述 ····························· 122

一、何谓能源管理系统 ································· 122

二、能源管理系统的功能 …………………………………………………… 122
　　三、能源管理系统的架构 …………………………………………………… 123
　　四、能源管理系统的模块 …………………………………………………… 124

第二节　能耗监管系统 ……………………………………………………………… 125
　　一、能耗监管系统的功能 …………………………………………………… 125
　　二、能耗监管系统的建设目标 ……………………………………………… 126
　　三、能耗监管系统的建设方案 ……………………………………………… 127
　　四、智慧水务管理系统 ……………………………………………………… 127
　　五、智慧供热管理系统 ……………………………………………………… 128
　　六、智慧供气管理系统 ……………………………………………………… 131

第三节　智慧排污处理监管系统 …………………………………………………… 132
　　一、智慧排污处理监管系统的功能 ………………………………………… 132
　　二、智慧排污处理监管系统的特点 ………………………………………… 133
　　三、智慧排污处理监管系统的结构 ………………………………………… 133

第四节　智慧灯杆系统 ……………………………………………………………… 135
　　一、何谓智慧灯杆 …………………………………………………………… 135
　　二、智慧灯杆系统的优势 …………………………………………………… 135
　　三、智慧灯杆系统的架构 …………………………………………………… 136
　　四、智慧灯杆系统的组成 …………………………………………………… 136
　　五、智慧灯杆系统的功能 …………………………………………………… 137
　　六、智慧灯杆系统的应用 …………………………………………………… 138
　　【案例】××小区智慧灯杆规划方案 ……………………………………… 139

第五节　智慧供配电管理系统 ……………………………………………………… 142
　　一、何谓智慧供配电管理系统 ……………………………………………… 142
　　二、智慧供配电管理系统的功能 …………………………………………… 143
　　三、智慧供配电的实现效果 ………………………………………………… 144
　　四、智慧供配电管理系统的应用 …………………………………………… 144

第六节　景观智能照明控制系统 …………………………………………………… 145
　　一、何谓景观照明亮化 ……………………………………………………… 145

二、景观智能照明控制系统的设计要求 ················· 145

三、景观智能照明控制系统的功能要求 ················· 146

四、景观智能照明控制系统的组成 ····················· 147

【案例】××广场景观照明解决方案 ··················· 149

06

第六章 智慧物业设备管理系统

第一节 智能设备运维系统 ································ 152

一、何谓智能设备运维系统 ··························· 152

二、智能设备运维系统的特点 ························· 152

三、智能设备运维系统的优势 ························· 152

四、智能设备运维系统的功能 ························· 153

五、智能设备运维系统的模块 ························· 153

相关链接 万科物业EBA设备远程监控系统 ··········· 154

第二节 智能梯控系统 ···································· 156

一、何谓智能梯控系统 ······························· 156

二、智能梯控系统的优势 ····························· 157

三、梯控系统的种类 ································· 158

四、无接触电梯智能系统 ····························· 159

五、智能梯控系统的价值体现 ························· 162

【案例】××人脸识别梯控管理系统解决方案 ··········· 163

第三节 智能灌溉系统 ···································· 169

一、何谓智能灌溉系统 ······························· 169

二、智能浇灌系统的优势 ····························· 170

三、智能灌溉的类型 ································· 170

四、智能灌溉的方式 ································· 171

五、智能灌溉系统的建设效果 ························· 172

【案例】××小区物业智能灌溉解决方案 ··············· 173

第四节 智能环境监测系统 ································ 174

一、何谓智能环境监测系统 ·········· 174
二、智能环境监测系统的作用 ·········· 174
三、智能环境监测系统的架构 ·········· 174
【案例】××小区智能环境监测系统解决方案 ·········· 176

07
第七章 智慧物业服务平台

第一节 社区O2O服务平台 ·········· 182
一、何谓社区O2O ·········· 182
二、社区O2O的模式 ·········· 182
三、物业社区O2O的模式 ·········· 184
四、物业参与社区O2O的途径 ·········· 185

第二节 园区物管云平台 ·········· 186
一、园区物业管理的重要性 ·········· 186
二、园区物业管理云平台的内容 ·········· 186
三、园区物业管理云平台实现的功能 ·········· 187

第三节 微信公众号服务平台 ·········· 188
一、何谓微信公众号 ·········· 188
二、微信公众号的类型 ·········· 189
相关链接 订阅号、服务号功能区别 ·········· 190
三、物业服务企业开通微信公众号的好处 ·········· 191
四、物业微信公众号的功能 ·········· 193
【案例】××物业公司微信公众平台项目建设方案 ·········· 195
五、物业微信公众号的搭建 ·········· 200
六、物业微信公众号的推广 ·········· 201

第四节 物业APP服务平台 ·········· 204
一、何谓物业APP ·········· 204
二、建立物业APP平台的益处 ·········· 204

三、物业APP的功能 ·205

【案例】××小区物业APP方案 ·206

08

第八章 智慧物业车辆管理系统

第一节 停车场管理系统 ·212

一、何谓停车场管理系统 ·212

二、停车场管理系统的功能 ·212

三、停车场管理系统的特点 ·213

四、停车场管理系统的结构 ·214

五、停车场管理系统的组成 ·214

第二节 无人值守停车系统 ·218

一、何谓无人值守停车系统 ·218

二、无人值守停车系统车辆管控 ·219

三、无人值守停车系统的收费模式 ·219

【案例】××小区无人值守停车管理系统与方案 ·220

第三节 车位引导系统 ·225

一、何谓车位引导系统 ·225

二、车位引导系统的功能 ·225

三、车位引导系统的类型 ·226

四、车位引导系统的建设目标 ·228

【案例】停车场车位引导系统解决方案 ·229

第四节 新能源车辆充电桩 ·234

一、何谓充电桩 ·234

二、充电桩的种类 ·235

三、充电桩的构成 ·235

四、充电桩的建设要求 ·236

【案例】××小区充电桩项目施工方案 ·237

第一章
智慧物业概述

第一节
智慧物业认知

一、何谓智慧物业

智慧，是生物所具有的基于神经器官（物质基础）的一种高级综合能力。我们说一个人是有智慧的，是因为他具有超出平均水平的感知、记忆、逻辑、计算、分析、判断能力，能够在纷繁复杂的信息世界中提取出关键的要素，并运用逻辑思考能力对事件进行分析，做出精准的判断，并基于此采取正确的行动。

物业管理，是对房屋及其配套设施和相关场地进行维护、养护和修理，维护物业管理区域内的环境卫生和相关秩序的活动。物业管理的作用对象是房屋等物理空间，服务对象是物业资产的拥有者和使用者。

智慧物业，是指运用人工智能、大数据、物联网等先进信息技术手段，通过统一的大数据云平台将物业各个单位紧密连接起来，实现物业单位数据的融合，并且对融合数据进行深度的分析和挖掘，用数据说话，发现在物业管理中方方面面的问题，同时打通部门之间的沟通壁垒，建立起高效的联动机制，从而有效、快速地解决物业管理中方方面面的问题。

比如，万洁集团的智慧平台通过集成监测系统的加持，以及大数据分析系统的辅助，使得资产管理体系变得简单明朗。自主研发的智慧物联平台（图1-1）通过对数据筛选、分析和加工，提供专业的FM数据服务，为打造全生态链的物联管理服务奠定基础。

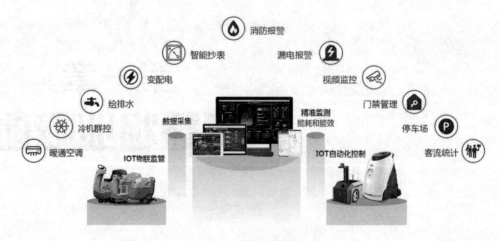

图1-1　万洁智慧物联平台

二、智慧物业的本质

本质上讲，智慧物业其实是一套综合完整的物业信息化解决方案。它是在内部ERP的基础上，将互联网与物联网结合，构建的智慧物业服务平台。

从发展前景看，智慧物业不仅可以实现智能楼宇和智慧社区服务，还将改变传统物业管理模式，降低物业服务行业的运营成本，推动物业管理行业的转型升级。而智慧物业也将给用户带来全新的服务体验。

比如，物业服务企业可以借助智能平台，整合集聚社区周边的服务资源，从而为业主提供安全、便捷、幸福的生活服务及增值服务。

三、智慧物业的应用

智慧化的物业管理需要从客户服务、收费管理、工程运维、经营管理和安全保障五个维度，实现物业管理精细化、协同办公移动化、物业管控一体化、业务交互多元化及业务系统集成化等目标，从而推进物业服务模式创新，提升物业服务能力。站在业主、物业管理人员、商家等多个角度，通过打造一体式的APP、小程序、公众号等服务资源，结合后台管理系统，为社区各类人员提供丰富多样的服务，如社区医疗服务、场所预定、班车服务、物业报修服务、社区电子通知公告、社区票券服务等。

1.民情互动

通过在物业管辖区域部署多媒体触控大屏，与管辖区域的其他应用系统紧密融合，各应用系统的信息和管理服务内容可通过触摸屏进行展现与互动，为用户带来全新的体验，实现信息的推送和用户的交互应用。具体包括如表1-1所示的应用功能。

表1-1 智慧物业民情互动应用功能

序号	应用功能	具体说明
1	政务信息	政府机构推送各类服务信息、政务公开信息、政策法规信息、监督机制信息等
2	服务类信息	推送的各类家政服务信息、医疗信息等
3	招商信息	政府招商信息、社会招商广告信息等
4	网上互动	用户和政务办公互动，网上平台处理各种事务
5	社区引导信息	发布社区内各种便民信息，如附近餐饮、娱乐消费等信息
6	监督公开信息	服务类机构评价信息等

2. 安防消防

严格物业管辖区域出入门禁管理，规范住户门禁卡实名办理、访客实名登记、门禁出入视频监控、人脸识别、公安联网比对等安防措施，建立城市建筑消防安全数字化系统，把每个建筑物的消防系统联成网络，实现网络化的监控管理。具体包括如表1-2所示的应用功能。

表 1-2 智慧物业安防消防应用功能

序号	应用功能	具体说明
1	住户门禁卡实名办理	采用RFID、指纹、人脸等识别技术，为所有住户办理实名门禁卡，通过办理过程，一方面为住户建立小区出入的通行证；另一方面也为掌握物业管辖区域实住人口提供新的渠道
2	访客实名登记联网比对	为物业管辖区域大门配备访客实名登记系统，所有访客进入都需要办理实名登记手续，说明拜访对象，可进行联系确认。访客实名信息与公安机关实时联网核实比对，发现异常状况及时报警
3	门禁联动控制	住户和访客进入物业管辖区域都需要借助有效身份识别手段（RFID、指纹、人脸等）方能进入，并且通过与楼栋门禁联动控制，限定其可进入的楼栋。加强管辖区域的安全
4	安居管理	为实现住户生活智慧化，在居民楼、商务楼宇安装烟雾火灾报警设备，能识别火灾并与消防系统联动，安装燃气报警设备，引导楼宇、宾馆、老旧小区和居民家庭应用物联网技术，自动探测有毒有害气体浓度，逐步实现对毒气、火灾、爆炸等事故的预警

3. 便民快递

由物业服务企业或物流企业等社会组织在物业管辖区域设置专门场所，共同签订末端物流联盟合作协议，为住户统一收发快件，在有条件的区域可对末端物流签收全过程进行高清视频监控录像取证，以备查证，防止纠纷产生，以解决住户快递的种种不方便和快递公司最后送达问题。具体包括如图1-2所示的应用功能。

图 1-2 智慧物业便民快递应用功能

4.智能停车

智能停车场以RFID、视频监控、IC卡为载体，通过智能设备使感应卡记录车辆及持卡人进出的相关信息，从而实现对管辖区域内车辆停车的引导，实现停车场的管理。通过智能停车，可提供车位管理、停车引导和反向找车等功能，提升社区停车的智能化管理。具体包括如表1-3所示的应用功能。

表1-3 智慧物业智能停车应用功能

序号	应用功能	具体说明
1	车辆管理	提供车辆出入管理和计费管理，可支持不停车进出，在车辆进出物业管辖区域时进行信息比对，防止车辆被盗
2	车辆出入口统计	通过车牌抓拍主机，分析车牌信息，实时记录车辆进出情况，把控车辆安全和杜绝一卡多车现象发生
3	车辆诱导	通过车位检测器（前端车牌识别）实时检测停车场车位信息，以便对车辆进行停车诱导
4	反向寻车	对于大型的公共停车场，为了便于临时停车车主能快速方便地找到自己的车，可以增加通过车牌号或者停车卡，来对车辆停放位置进行反向快速查询的功能
5	车位闲时出租	在用户的车辆驶离专属于自己车位的时间段，外来车辆以缴纳停车费的方式取得该车位的临时使用权。通过技术手段实现闲时车位的信息发布，停车费在线支付，并与车位所属用户建立公平合理的补偿回报机制，通过手机等移动终端设备APP进行出入和停车位的身份验证，以提高车位利用效率，解决停车难的问题

5.环境卫生

开展物业管辖区域绿化美化和义务植树活动，倡导低碳生活方式，推行绿色消费理念，开展社区垃圾分类，对垃圾量和排污进行动态监控，促进垃圾资源化利用，有效提高环境质量和物业管理效率。具体包括如表1-4所示的应用功能。

表1-4 智慧物业环境卫生应用功能

序号	应用功能	具体说明
1	园林、绿化景观建设工程	主要包括建设社区公园、社区集中绿地、广场、社区集中活动（户外）场所等，开展社区绿化美化和义务植树活动，达到改善社区环境、倡导绿色低碳生活方式的目的
2	对垃圾量进行监测	利用无线射频技术记录社区各大垃圾桶中的垃圾量（重量和体积），一旦超标就给予报警，以便物业管理人员及时做出应对
3	对垃圾气味进行监测	垃圾中转站及垃圾处理站液体和气体排放监测，一旦超标就给予报警提示，以便物业管理人员及时做出应对

 相关链接

智慧物业的发展是大势所趋

　　智慧物业建设就是实现企业要素的数字化感知、网络化传输、大数据处理和智能化计算，以网络连接、平台支撑、数据驱动、智能服务为其主要特征，打造企业智慧大脑，进而实现即时的智慧决策，为客户提供极致的服务体验，能极大提高企业运营效率，可以促进企业商业模式变革，从而推动行业服务升级与产业体系蝶变。因此加快智慧物业建设，对企业抢占转型升级先机意义重大。

　　在新型冠状病毒疫情防控过程中，社区成为疫情联防联控的第一线，智慧社区通过运用互联网、大数据、人工智能等新一代信息技术，大幅提升社区精细化治理、智能化服务和精准化决策能力。随着智慧治理服务从城市向社区、村镇等基层延伸，智慧社区成为基层治理领域应用新焦点。

　　智慧物业、智慧社区是打造智慧城市的重要一环，打通服务群众的"最后一公里"，有利于打造服务型社会，提升居民对幸福生活的体验感和获得感，促进居民消费的增加。

　　过去的几年间，物联技术更新进步、基础设施不断完善、移动互联网迅速发展，都为智慧物业的兴起打下基础；生活水平提升，市场驶入竞争新航道，物业管理从劳动密集型向科技知识密集型发展，智慧物业的发展成了大势所趋。

　　住房和城乡建设部联合工业和信息化部、公安部、商务部、卫生健康委、市场监管总局于2020年12月印发《关于推动物业服务企业加快发展线上线下生活服务的意见》，鼓励物业服务企业运用物联网、云计算、大数据等技术，提升物业智慧管理服务水平。专家表示，智慧物业将打通居民"最后一公里"的生活服务，让"互联网+政务服务"向居住社区延伸。

　　近年来，不少物业服务企业和房地产开发商，都意在通过运用物联网、人工智能等技术，实现物业设施的平台赋能。

　　比如，有的物业企业推出"AI魔盒"，将多个服务器的功能集成在一起，免去设备智能化改造时需要再单上服务器的麻烦；有的房地产企业发布"AI超级大脑"，让智能家居与智能物业设施实现连接和互动。

　　近年来，智慧物业成为物管服务的新发展方向，物业管理行业龙头企业纷纷在智慧物业方面布局发力。

　　新型冠状病毒疫情让物业平台的公共属性得以凸显。2020年，在深圳、北京、重庆等城市修订实施的物业管理条例中，都明确提出将物业管理纳入社会治理体系。预计，2022年中国智慧社区市场规模近万亿元，而广阔的智慧社区市场规模为智慧物业的发展提供了一片"蓝海"。

第二节 智慧物业服务平台

一、智慧物业服务平台的功能

住房和城乡建设部等部门发布的《关于推动物业服务企业加快发展线上线下生活服务的意见》中明确指出，应广泛运用5G、互联网、物联网、云计算、大数据、区块链和人工智能等技术，建设智慧物业管理服务平台，对接城市信息模型（CIM）和城市运行管理服务平台，链接各类电子商务平台。以智慧物业管理服务平台为支撑，打造物业管理、政务服务、公共服务和生活服务应用，构建居住社区生活服务生态，为居民提供智慧物业服务。

具体来说，所构建的智慧物业服务平台应具有如表1-5所示的功能。

表1-5 智慧物业服务平台的功能

序号	功能		具体说明
1	优化数据	采集物业管理数据	以加强城市新型基础设施建设为基础，大力推进居住社区物联网建设，对设施设备进行数字化、智能化改造，补齐数字化短板。对设施设备赋予唯一识别码，运用传感器、全球定位、射频识别、红外感应等装置与技术，全面感知、识别和记录水、电、气、热、安防、消防、电梯、水泵、照明、管线、变压器等设施设备运行数据。运用物联网、大数据、人工智能等先进技术，实时记录物业服务动态信息。对物业服务基础资料和档案进行全面数字化改造
		共享公共服务数据	通过数据集成、应用集成和平台集成等技术手段，推动智慧物业管理服务平台与各类政务服务平台、公用事业服务平台相关资源、信息和流程的协同及共享。充分利用数据交互成果，为住房公积金、住房保障、就医、就学、养老、供水、供电、供气、供暖以及社区警务等提供动态需求信息
		优化数据资源管理	依托智慧物业管理服务平台，对多主体、多来源、多应用、多服务产生的数据进行全周期系统化管理。优化数据组织方式，按照用途、用户、权限等维度对数据封装打包，进行分布式文件存储。鼓励物联网设备制造企业按照统一标准接入智慧物业管理服务平台，并与CIM基础平台、公共服务平台以及各类电子商务服务平台实现便捷数据交互

续表

序号	功能		具体说明
2	推进物业管理智能化	推动设施设备管理智能化	提高设施设备智能管理水平,实现智能化运行维护、安全管理和节能增效。通过基于位置的服务(LBS)、声源定位等技术,及时定位问题设备,实现智能派单,快速响应,提高维修管理效率。通过大数据智能分析,对消防、燃气、变压器、电梯、水泵、窨井盖等设施设备设置合理报警阈值,动态监测预警情况,有效识别安全隐患,及时防范、化解相关风险。监测分析设施设备运行高峰期和低谷期情况,科学合理地制定设备运行时间表,加强节能、节水、节电控制,有效降低能耗
		实现车辆管理智能化	加强车辆出入、通行、停放管理。增设无人值守设备,实现扫码缴费、无感支付,减少管理人员,降低运营成本,提高车辆通行效率。统筹车位资源,实现车位智能化管理,提高车位使用率。完善新能源车辆充电设施,方便绿色出行。实时监控车辆和道闸、充电桩等相关设施设备运行情况,保障车辆行驶和停放安全
		促进居住社区安全管理智能化	推动智能安防系统建设,建立完善智慧安防小区,为居民营造安全的居住环境。完善出入口智能化设施设备,为居民通行提供安全、快捷的服务。根据居民需要,为儿童、独居老人等特殊人群提供必要帮助。加强对高空抛物、私搭乱建、侵占绿地等危害公共环境和扰乱公共秩序的行为分析,及时报告有关部门,履行安防管理职责
3	融合线上线下服务	拓宽物业服务领域	依托智慧物业管理服务平台,发挥熟悉居民、服务半径短、响应速度快等优势,在做好物业基础服务的同时,为家政服务、电子商务、居家养老、快递代收等生活服务提供便利。发挥物业服务企业连接居住社区内外的桥梁作用,精准掌握居民消费需求,对接各类供给端,通过集中采购等方式,为居民提供优质商品和服务。推动物业服务线上线下融合,促进物业服务企业由物的管理向居民服务转型升级
		对接各类商业服务	构建线上线下生活服务圈,满足居民多样化生活服务需求。连接居住社区周边餐饮、购物、娱乐等商业网点,对接各类电子商务平台,为居民提供定制化产品和个性化服务,实现家政服务、维修保养、美容美发等生活服务一键预约、服务上门,丰富生活服务内容。通过在居住社区布设智能快递柜、快件箱、无人售卖机等终端,发展智能零售
		提升公共服务效能	推进智慧物业管理服务平台与城市政务服务一体化平台对接,促进"互联网+政务服务"向居住社区延伸,打通服务群众的"最后一公里"。对接房屋网签备案、住房公积金、住房保障、城市管理、医保、行政审批、公安等政务服务平台,为政务服务下沉到居住社区提供支撑。对接供水、供电、供气、供暖、医疗、教育等公用事业服务平台,为居民提供生活缴费、在线预约等便民服务。鼓励物业服务企业线下"代跑腿""接力办",助力实现公共服务线上"一屏办""指尖办"

续表

序号	功能	具体说明
3	融合线上线下服务	发展居家养老服务	以智慧物业管理服务平台为支撑，大力发展居家养老服务。通过线上预约，为老年人提供助餐、助浴、保洁、送药等生活服务。对接医疗医保服务平台，提供医疗资源查询、在线预约挂号、划价缴费、诊疗报告查询、医保信息查询、医疗费用报销等医疗医保服务。加强动态监测，为居家养老提供安全值守、定期寻访、疾病预防、精神慰藉等服务，降低老年人意外风险

二、智慧物业服务平台的搭建

根据互联网、大数据、物联网、人工智能技术的发展和物业服务企业管理、技术及服务、经营升级的需求，智慧物业平台建设可从以下四个方面进行。

1.物业管理云平台

该平台主要面向物业服务企业内部管理，追求管理升级。通过信息系统应用降低管理成本、提高工作效率，实现流程再造和对整个企业的动态管控。

2.社区服务云平台

该平台不仅能为客户提供在线的物业服务，还包括项目周边商业服务，有资源的企业可以借助物业服务平台，开展家政、医疗、旅游、养老、教育培训等增值服务。

> **小提示**
> 客服平台建设追求的是服务升级，可以说只要客户有需求，都可以整合到平台上来。

3.智慧物联云平台

该平台包括智能门禁、道闸、智能停车、智能安防等智能化应用，追求的是技术升级，以便实现智慧社区、智能楼宇管控、建筑节能等。

4.数据管理云平台

该平台是通过整体解决方案挖掘用户基础数据、行为数据、偏好数据、消费数据以及社区与家庭设备设施之间的互联产生的全息数据，为业主、物业、政府和企业创造价值。

比如，如图1-3所示的××物业信息化平台就是基于云平台构建的，采用B/S技术架构和SaaS应用模式，由物业管理平台、社区服务平台、智慧物联平台、数据管理平台和移动端五部分构成。

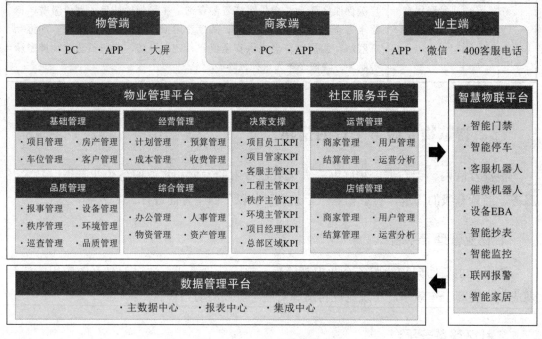

图1-3 ××物业信息化平台

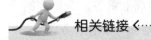 相关链接

××智慧物业云平台

1. 产品简介

××智慧物业云平台是为方便物业服务企业，有效提高企业内部各部门及各岗位的执行力，实现业务管理和行政办公管理的规范化、流程化、降低成本、提高经济效益而建设的一套物业综合管理系统，包含人力资源管理、考勤管理、协同办公、仓储管理、客户管理、财务收费、工程管理、品质管理和综合安全等多个管理模块，满足物业系统全流程管理工作。

2. 产品特色

（1）以公众号、短信通知、智能语音等方式在线实时推送，覆盖平台管理小区所有业主。

（2）费用账单清晰明了，欠费多种方式自动提醒，业主在线自助缴费，空关减免在线申请。

（3）投诉途径包含上门、客服电话、业主公众号等，处理进展实时告知，通过公众号在线自助评价。

（4）通过公众号在线预约维修时间，系统综合调度，工程师及时响应，实时跟踪维修过程。

（5）通过系统综合调度，提高响应及时性。通过系统流转，提高多人协作处理效率。

（6）提供多样化服务，如家政服务、房屋租售、12345热线集成、12349服务集成等。

（7）排班、考勤、请假一体化管理，实现智能考勤，设备巡检任务自动派发，移动巡检、品质标准制定、检查与整改全流程管控。节约成本，多样化收费。

3. 服务客户

物业服务企业：集团型物业、中型物业、小型物业平台功能。

4. 平台功能

平台面向三类服务对象，包括物业服务企业管理人员、物业服务企业员工以及业主；包含9大模块，如下图所示。

5. 客户价值

（1）提高员工工作效率。

（2）减少人事变动给物业服务企业带来损失，降低新员工的培训成本。

（3）为物业管理的各项工作提供规范化管理。

（4）提高物业服务企业管理水平，提升业主满意度。

（5）提供物业服务企业多样化的收入模式。

第三节 智慧物业管理系统

一、何谓智慧物业管理

智慧物业管理系统是将物业服务体系与管理体系通过现代化互联网技术、物联网技术、大数据技术等融为一体化服务管理平台,建立起基于互联网、多媒体通信的综合服务平台和管理平台,为物业管辖区域用户提供政府服务、社区服务、家庭服务、个人服务和电子商务等服务和应用。

二、智慧物业管理系统的意义

现在很多地方都在应用智慧物业管理系统,它将信息技术手段与现代物业管理工作模式相结合,帮助物业服务企业及时响应住户们的需求,降低运营成本,提升服务品质。

具体来说,智慧物业管理系统具有如图1-4所示的意义。

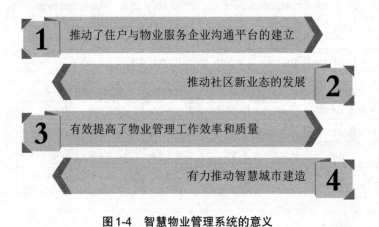

图1-4 智慧物业管理系统的意义

1. 推动了住户与物业服务企业沟通平台的建立

互联网技术的应用给物业管理业务提供了更多的主动性,报修、缴费、问题反馈、发表意见更加便捷、高效、公开透明。物业服务企业可以在线及时处理住户需求,提升物业服务企业的形象和客户满意度。

2.推动社区新业态的发展

智慧物业管理系统可以促进增值服务,拉动经济发展,加强自营服务与第三方服务资源的整合、共享与使用,节能增效,提高收入,准确进行广告宣传,更好地对接居民需求和商家供应,推动社区O2O消费和快递服务等新业态展开,融合第三方,合作共赢。

3.有效提高了物业管理工作效率和质量

通过物业管理基础信息的数字化集成、共享和使用,可以使行政主管部门清晰直观地了解物业服务企业的运转状况,对标准行业规则、推动物业服务行业诚信体系建造、优化企业内部管理具有非常积极有效的作用。

4.有力推动智慧城市建造

智慧社区是智慧城市建设的主要基础和关键环节,通过数字化、信息化平台对物业管理工作进行全面升级改造,使社区更方便地接入智慧城市的大平台中。

三、搭建智慧物业管理系统的原则

智慧物业管理系统是实现智慧社区的重点建设内容,系统的搭建应遵循统筹规划,科学设计;强化功能,突出重点;做到如图1-5所示的"五结合",充分利用现有资源,降低建设成本,提高资金使用效率;信息安全自主可控等原则,旨在提供更好的管理与服务。

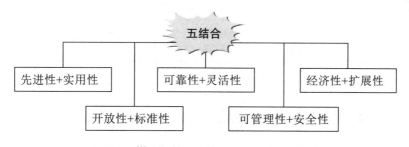

图1-5　搭建智慧物业管理系统的"五结合"

四、智慧物业管理系统的需求

智慧物业管理系统应是在环保、节能的前提下,能满足用户舒适性、便捷性、安全性的需求。具体来说,其总体需求如表1-6所示。

表 1-6　智慧物业管理系统的需求

序号	需求	具体说明
1	费用查询与缴纳、信息推送	住户可通过系统进行各项费用的缴纳与查询，系统提供在线缴费、查询服务、信息推送等功能，如物业费以及水、电、气、暖费的查询与缴纳，超期未缴费时有缴费信息推送
2	设备信息管理	系统具备设备信息管理功能，物业服务人员可对设备的基本信息进行管理与查询。系统能够监管管辖区域内的各种设备，进行设备的信息录入、设备的信息统计、工作状态管理、能耗预测、设备故障预判等，向用户提供舒适、节能、便捷的生活
3	物业服务	系统能够体现小区人文关怀，比如对老人生活环境、身体状况的监测，小区教育、文化的推送，提供物业服务以及增值服务资源。对于突发的事件，可通过系统发起小区公告来提醒住户，为住户提供贴心服务
4	在线报修、服务投诉	系统能够提供报修、投诉等功能，住户可通过移动终端、Web访问等方式，实现在线报修、修理状态查询、投诉等功能；建立物业服务评价机制，在线实现对物业服务质量的评价。住户可以利用系统对报修与投诉等问题的解决做出评价
5	发布信息	系统建立信息发布平台，完善政府职能，住户可及时获取社会化服务，包括互助性、福利性、便民性等各类服务；建立广播平台，完善保障功能，保护以及救助管辖区域内的弱势群体
6	出入口控制	系统具备出入口控制功能、一卡通门禁管理功能、登记邀约访客信息、视频监控管辖区域以及其周边环境，保障住户生命财产安全
7	停车场管理	系统建立管辖区域停车场的管理，包括停车缴费管理、车位管理、物业人员管理、停车场设备管理，解决小区内上下班高峰期交通拥堵、停车难、停车场空气质量差等问题
8	信息录入、统计与展示	系统建立管辖区域基本信息的录入、统计与展示等功能，物业服务企业可以通过系统进行各种咨询并获得相关信息。系统对涉及的部分数据和信息应生成的数据报表进行存储
9	数据处理	除完成以上基本指标之外，应对智慧住区物业中海量的数据，考虑结合适当的理论方法进行分析处理

五、智慧物业管理系统的组成

智慧物业管理系统是集云计算、大数据、物联网、人工智能、无线通信等新技术于一体，联动软硬件设施，让物业服务企业可以实时感知所管辖范围的正常运行，服务数据、访客数据、停车数据、缴费数据等多项管理数据都可在AI大数据平台或管理后台进行查看。系统统筹整理各类资源，实时共享各类信息，完成在线服务、在线监管、在线协同办公、在线评估等多种功用，有效提高物业服务质量效率和监管水平，最大限度、最低成本地满足业主多元化需求。统一的平台管理，将使服务更精准、管理更智能，以信息资源共享加速物业服务标准化、信息化、智能化。

因此，系统应具备云端的数据存储功能，同时兼备多线网络接入的高性能需求，才能保证信息及时更新、发布，系统稳定运行。

比如，如图1-6所示的是××公司研发的智慧物业管理系统的总体架构。

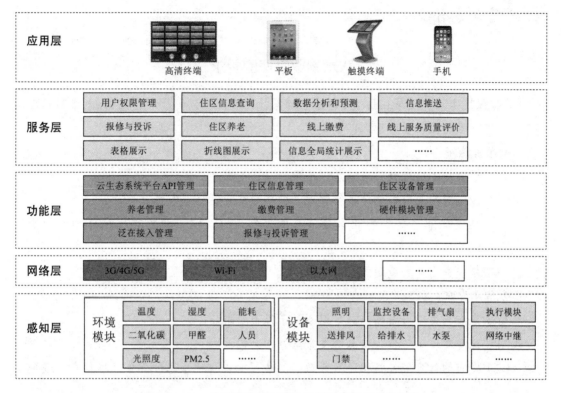

图1-6　××公司研发的智慧物业管理系统的总体架构

图示说明如下。

（1）感知层：包括设备模块（照明、送排风、给排水、门禁）数据感知、环境模块（温湿度监测模块、二氧化碳浓度监测模块、人员监测模块和能耗监测模块）数据感知、执行器模块和网络中继单元等。

（2）网络层：采用集成Wi-Fi的智能终端采集的数据，可通过网络层的通信协议与云服务器进行无线传输；一般设备模块的数据可通过现场总线方式接入智慧住区物业管理系统平台。

（3）功能层：为提高智慧住区物业管理系统可扩展性与可移植性，同时提高管理员、物业人员的工作效率，功能层为该系统提供API（应用程序编程接口）管理、泛在接入管理、住区信息管理、住区设备管理、养老管理、缴费管理、报修与投诉管理等功能。

（4）服务层：该层基于应用层的功能需求，提供用户权限管理、住区信息查询、数据分析与预测、信息推送、报修与投诉、住区养老、线上缴费、线上服务质量评价、信息全局统计展示等服务。

（5）应用层：通过Web端的人机交互界面，基于系统的控制策略，为用户提供各种可视化智慧应用。

 相关链接

智慧物业管理的要求

《智慧城市建筑及居住区第1部分：智慧社区建设规范（征求意见稿）》中明确规定，智慧社区物业管理应达到以下要求。

1. 物业缴费

物业缴费相关应用服务应满足但不限于以下要求。

（1）应能对物业缴费情况进行管理，向待缴费业主推送缴费信息。

（2）应能向业主提供物业缴费信息的提交入口，便于业主在线提交物业缴费信息。

（3）应能查询业主缴费的状态。

2. 信息发布

信息发布相关应用服务应满足但不限于以下要求。

（1）应能实现小区公告信息的发布与查询功能。

（2）发布的信息应包括但不限于政府公告、物业管理信息、气象环境信息、政务信息、教育信息、应急信息等。

3. 在线管家

在线管家相关应用服务应满足但不限于以下要求。

（1）应能及时处理业主的各类咨询和投诉。

（2）应具备在线报事报修功能，可方便实时地进行各种报事报修。

（3）应具备弱势群体关注功能，包括但不限于关爱提醒、异常提醒等。

4. 楼宇对讲

楼宇对讲相关应用服务应满足但不限于以下要求。

（1）应具备数字联网型的可视对讲功能，可对访客身份进行确认。

（2）应能接入互联网，使用移动终端与访客实现视频及语音对讲。

（3）应能使用移动终端为访客远程开门，可使用APP按键为访客开门，或向访客发送具有时效性的身份识别开门信息。

（4）应具备留影留言功能。

5.智能门禁

智能门禁相关应用服务应满足但不限于以下要求。

（1）应具备刷卡开门、呼叫开门、手机APP开门、人脸识别开门、二维码开门等多种方式。

（2）支持对智能门禁设备的管理，包括增删改查。

（3）支持门禁通行记录的检索。

（4）支持门禁通行记录的基础统计分析。

6.视频监控

视频监控相关应用服务应满足但不限于以下要求。

（1）支持多画面浏览实时视频。

（2）支持录像文件下载和回放。

（3）支持视频电视墙功能。

（4）支持对乱停乱放、占道等行为进行识别，并对异常行为发出报警提示。

（5）支持基于BIM或GIS地图展示视频摄像头信息，查看设备详情。

7.周界报警

周界报警相关应用服务应满足但不限于以下要求。

（1）应在小区边界安装电子围栏，能及时发现入侵人员，发出报警信息。

（2）应设置周界电子地图，发生报警时，能在电子地图中对应显示出报警位置。

（3）应设置声光报警器，发生报警时，声光提示安保人员。

（4）应与视频监控系统联动，发生报警时，在监控中心屏幕上弹出对应区域的视频图像。

（5）应能对周界报警事件进行追溯检索。

8.环境监测

环境监测相关应用服务应满足但不限于以下要求。

（1）应对小区空气质量进行监测，包括但不限于PM2.5、温湿度等。

（2）应在小区公共区域设置固定式电子显示屏，发布社区环境监测数据。

9.停车管理

停车管理相关应用服务应满足但不限于以下要求。

（1）应能对业主车辆进行在线采集登记。

（2）应具备停车场出口收费显示、出入道闸自动控制、车辆出入识别、自动计费、移动终端缴费及管理、视频监控、联网、停车场状况信息和综合管理等功能。

（3）应具备停车位预订及按时计费功能，并能使用移动终端在线缴费。

（4）应具备停车场内停车位置识别、停车位查询与预订、行车引导、停车引导和反向寻车功能。

10. 垃圾分类

垃圾分类相关应用服务应满足但不限于以下要求。

（1）应在小区内建设垃圾分类回收站点，对垃圾投放人采用生物识别，记录垃圾分类行为。

（2）应对垃圾分类投放进行判断，是否满足分类要求。

（3）垃圾桶容量到达上限后，应能提供信息推送，管理系统根据信号安排和分配垃圾运输车的出行频率及路线。

11. 电子通行

电子通行相关应用服务应满足但不限于以下要求。

（1）应向社区居民或访客提供扫码登记个人信息服务。

（2）应提供移动端应用，针对物业管理人员，提供登记人员信息审核及电子二维码发放功能。

（3）应在小区出入口安装扫码设备，小区居民或访客通过扫码验证通行。

（4）应支持对人员出入记录进行查询统计分析。

12. 访客登记

访客登记相关应用服务应满足但不限于以下要求。

（1）应向访客提供基于移动端应用的访客预约服务，支持通过二维码扫码预约登记或通过手机APP预约登记。

（2）应向物业保安提供基于移动端应用的访客信息查询及审核服务。

（3）应提供人脸识别验证通行功能。

（4）应支持人证身份比对功能。

（5）应支持对访客来访记录进行检索。

第二章
智慧物业消防系统

第一节
智慧物业消防系统概述

一、智慧物业对消防系统的要求

智慧物业的消防系统设计应立足于防患于未然。

首先,物业管理区域的照明与配电系统、机电设备的控制系统等强电系统必须符合消防要求。其次,就是建立起一个对各类火情能准确探测到、快速报警,并迅速将火势扑灭在起始状态的智能消防系统。

火灾自动检测技术可以准确可靠地探测到火险所处的位置,自动发出警报,计算机接收到火情信息后自动进行火情信息处理,并据此对整个管理区域的消防设备、配电、照明、广播以及电梯等装置进行联动控制。

二、何谓智能消防系统

智能消防系统是指火灾探测器探测到火灾信号后,能自动切除报警区域内有关的空调器,关闭管道上的防火阀,停止有关换风机,开启有关管道的排烟阀,自动关闭有关部位的电动防火门、防火卷帘门,按顺序切断非消防用电源,接通事故照明及疏散标志灯,停运除消防电梯外的全部电梯,并通过控制中心的控制器,立即启动灭火系统,进行自动灭火。

三、智能消防系统的构成

智能消防系统主要由三大部分构成:第一部分为感应机构,即火灾自动报警系统;第二部分为执行机构,即灭火控制系统(消防灭火系统);第三部分为避难诱导系统(后两部分也称为消防联动系统),如图2-1所示。

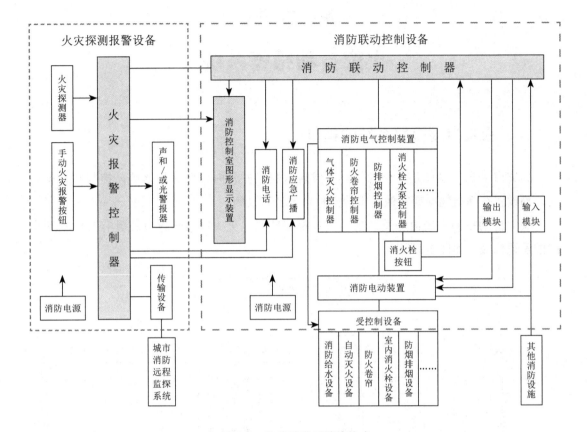

图2-1 智能消防系统的构成

四、智能消防系统的功能

智能消防系统的功能如图2-2所示,其中起核心作用的主要是区域报警控制器及消防系统主机。

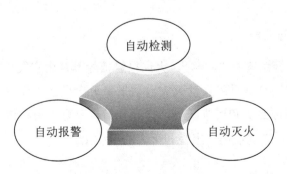

图2-2 智能消防系统的功能

第二节
火灾自动报警系统

一、火灾自动报警系统的构成

火灾自动报警系统是人们为了早期发现火灾,并及时采取有效措施,控制和扑灭火灾,而设置在建筑物中或其他场所的一种自动消防设施。

火灾自动报警系统由触发装置、火灾报警装置、火灾警报装置以及具有其他辅助功能的装置构成,如图2-3所示。

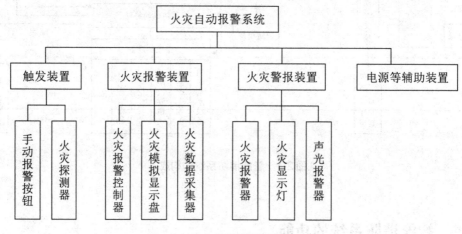

图2-3 火灾自动报警系统的构成

二、火灾探测器

1.火灾探测器的功能

火灾探测器是报警系统的"眼睛",火灾报警信号都是由它发出的。在火灾报警控制器的控制下,灭火自动控制系统启动火灾自动报警灭火设备工作,并通过火灾自动报警联动控制装置控制事故照明和避难诱导,打开广播,引导人员疏散;启动火灾自动报警给水和排烟设施等,以实现监测、报警和灭火的自动化。

2.火灾探测器的分类

按不同的分类标准,火灾探测器可以分为不同的种类。

（1）按结构造型分类。火灾探测器按结构造型分类可分成点型和线型两大类，如表2-1所示。

表 2-1　火灾探测器按结构造型分类

序号	类别	具体说明
1	点型探测器	点型探测器是一种响应某一点周围的火灾参数的火灾探测器，大多数火灾探测器属于点型火灾探测器
2	线型探测器	线型探测器是一种响应某一连续线路周围的火灾参数的火灾探测器，其连续线路可以是"硬"的，也可以是"软"的。如线型定温火灾探测器，是由主导体、热敏绝缘包覆层和合金导体一起构成的"硬"连续线路。又如红外光束线型感烟火灾探测器，是由发射器和接收器两者中间的红外光束构成的"软"连续线路

（2）按探测火灾参数分类。火灾探测器按探测火灾参数的不同可分为感烟、感温、感光、可燃气体、图像型和复合式等几大类，如表2-2及图2-4～图2-7所示。

表 2-2　火灾探测器按探测火灾参数分类

序号	类别	具体说明
1	感烟火灾探测器	感烟火灾探测器是一种响应燃烧或热解产生的固体或液体微粒的火灾探测器，是使用量最大的一种火灾探测器。因为它能探测物质燃烧初期所产生的气溶胶或烟雾粒子浓度，因此，有的国家称感烟火灾探测器为"早期发现"探测器。常见的感烟火灾探测器有离子型、光电型等几种 （1）离子感烟探测器由内外两个电离室为主构成。外电离室（即检测室）有孔与外界相通，烟雾可以从该孔进入传感器内；内电离室（即补偿室）是密封的，烟雾不会进入。火灾发生时，烟雾粒子窜进外电离室，干扰了带电粒子的正常运行，使电流、电压有所改变，破坏了内外电离室之间的平衡，探测器就会产生感应而发出报警信号 （2）光电感烟探测器内部有一个发光元件和一个光敏元件，平常由发光元件发出的光，通过透镜射到光敏元件上，电路维持正常，如有烟雾从中阻隔，到达光敏元件上的光就会显著减弱，于是光敏元件就把光强的变化转换成电流的变化，通过放大电路发出报警信号 （3）吸气式感烟探测器一改传统感烟探测器等待烟雾飘散到探测器被动进行探测的方式，而是采用新的理念，即主动对空气进行采样探测，当保护区内的空气样品被吸气式感烟探测器内部的吸气泵吸入采样管道，送到探测器进行分析时，如果发现烟雾颗粒，即发出报警

续表

序号	类别	具体说明
2	感温火灾探测器	感温火灾探测器的使用广泛程度仅次于感烟火灾探测器，是一种火灾早期报警的探测器，也是一种响应异常温度、温升速率和温差的火灾探测器。常用的感温火灾探测器是定温火灾探测器、差温火灾探测器和差定温火灾探测器三种 （1）定温火灾探测器是在规定时间内火灾引起的温度上升超过某个定值时启动报警的火灾探测器。点型定温火灾探测器利用双金属片、易熔金属、热电偶、热敏半导体电阻等元件，在规定的温度值上发出火灾报警信号 （2）差温火灾探测器是在规定时间内，火灾引起的温度上升速率超过某个规定值时启动报警的火灾探测器。点型差温探测器是根据局部的热效应而动作的，主要感温器件是空气膜盒、热敏半导体电阻元件等 （3）差定温火灾探测器结合了定温和差温两种作用原理并将两种探测器结构组合在一起，一般多是膜盒式或热敏半导体电阻式等点型组合式探测器 与感烟火灾探测器和感光火灾探测器比较，感温火灾探测器的可靠性较高，对环境条件的要求更低，但对初期火灾的响应要迟钝些，报警后的火灾损失要大些。它主要适用于因环境条件而使感烟火灾探测器不宜使用的某些场所；并常与感烟火灾探测器联合使用组成与门关系，对火灾报警控制器提供复合报警信号
3	感光火灾探测器	感光火灾探测器又称为火焰探测器，它是一种能对物质燃烧火焰的光谱特性、光照强度和火焰的闪烁频率敏感响应的火灾探测器。常用的感光火灾探测器是红外火焰型和紫外火焰型两种 感光火灾探测器的主要优点是响应速度快，其敏感元件在接收到火焰辐射光后的几毫秒，甚至几微秒内就发出信号，特别适用于突然起火、无烟的易燃易爆场所。它不受环境气流的影响，是唯一能在户外使用的火灾探测器。另外，它还有性能稳定、可靠、探测方位准确等优点，因而得到普遍重视
4	可燃气体探测器	可燃气体火灾探测器是一种能对空气中可燃气体含量进行检测并发出报警信号的火灾探测器。它通过测量空气中可燃气体爆炸下限以内的含量，以便当空气中可燃气体含量达到或超过报警设定值时，自动发出报警信号，提醒人们及早采取安全措施，避免事故发生。可燃气体探测器除具有预报火灾、防火防爆功能外，还可以起到监测环境污染的作用 常用的可燃气体探测器是半导体型可燃气体探测器和催化型可燃气体探测器两种类型 （1）半导体型可燃气体探测器是利用半导体表面电阻变化来测定可燃气体浓度的。当可燃气体进入探测器时，半导体的电阻下降，下降值与可燃气体浓度具有对应关系 （2）催化型可燃气体探测器是利用难熔金属铂丝加热后的电阻变化来测定可燃气体浓度的。当可燃气体进入探测器时，铂丝表面引起氧化反应（无焰燃烧），其产生的热量使铂丝的温度升高，而铂丝的电阻率便发生变化

续表

序号	类别	具体说明
5	图像型火灾探测器	图像型火灾报警器通过摄像机拍摄的图像与主机内部的燃烧模型的比较来探测火灾，主要由摄像机和主机组成，可分为双波段和普通摄像型两种。双波段火灾图像报警系统是将普通彩色摄像机与红外线摄像机结合在一起
6	复合式火灾探测器	复合式火灾探测器指响应两种以上火灾参数的火灾探测器，主要有感温感烟火灾探测器、感光感烟火灾探测器、感光感温火灾探测器等
7	其他	探测泄漏电流大小的漏电流感应型火灾探测器；探测静电电位高低的静电感应型火灾探测器；还有在一些特殊场合使用的，要求探测极其灵敏、动作极为迅速，以至要求探测爆炸声产生的某些参数的变化（如压力的变化）信号，来抑制消灭爆炸事故发生的微差压型火灾探测器；以及利用超声原理探测火灾的超声波火灾探测器等

图2-4　点型光电感烟火灾探测器

图2-5　点型差定温火灾探测器

图2-6　线型火灾探测器——"硬"连续线路

图2-7　线型火灾探测器——"软"连续线路

（3）其他分类。火灾探测器按探测到火灾后的动作可分为延时型和非延时型两种。目前国产的火灾探测器大多为延时型探测器，其延时范围为3～10s。

火灾探测器按安装方式可分为外露型和埋入型两种。一般场所采用外露型，在内部装饰讲究的场所采用埋入型。

按使用环境分类可分为陆用型、船用型、耐寒型、耐酸型、耐碱型和防爆型。

3.火灾探测器的选择

火灾探测器的适用范围,要根据探测区域内环境条件、可能发生的初期火灾的形成和发展特点、房间的高度以及可能引起误报的原因等因素综合确定。

(1)选择原则。火灾探测器选择的基本原则如图2-9所示。

原则一 对火灾初期有阴燃阶段,产生大量的烟和少量的热,很少或没有火焰辐射的场所,应选择感烟探测器

原则二 对火灾发展迅速,可产生大量的热、烟和火焰辐射的场所,可选择感烟、感温、火焰探测器或它们的组合

原则三 对火灾发展迅速,有强烈的火焰辐射和少量烟、热的场所,应选择火焰探测器

原则四 对火灾形成特征不可预料的场所,可根据模拟试验的结果选择适当的探测器

原则五 对使用、产生或聚集可燃气体或可燃液体蒸气的场所,应选择可燃气体探测器

图2-8 火灾探测器选择的基本原则

(2)点型火灾探测器的选择。

① 对不同高度的房间,可按表2-3进行选择。

表2-3 不同高度房间点型火灾探测器的选择

房间高度h/m	感烟探测器	感温探测器			火焰探测器
		一级(62℃)	二级(70℃)	三级(78℃)	
12<h≤20	不适合	不适合	不适合	不适合	适合
8<h≤12	适合	不适合	不适合	不适合	适合
6<h≤8	适合	适合	不适合	不适合	适合
4<h≤6	适合	适合	适合	不适合	适合
h≤4	适合	适合	适合	适合	适合

② 对不同的场所,可按表2-4进行选择。

表2-4 不同场所点型火灾探测器的选择

序号	探测器类型	场所特征
1	点型感烟探测器	下列场所宜选择点型感烟探测器 (1)饭店、旅馆、教学楼、写字楼、卧室、商场、列车载客车厢等

续表

序号	探测器类型	场所特征
1	点型感烟探测器	（2）电子计算机房、通信机房、电影或电视放映室等 （3）楼梯、走道、电梯机房等 （4）书库、档案库等 （5）有电气火灾危险的场所
2	离子感烟探测器	符合下列条件之一的场所不宜选择离子感烟探测器 （1）相对湿度经常大于95% （2）气流速度大于5m/s （3）有大量粉尘、烟雾滞留 （4）可能产生腐蚀性气体 （5）在正常情况下有烟滞留 （6）产生醇类、醚类、酮类等有机物质
3	光电感烟探测器	符合下列条件之一的场所不宜选择光电感烟探测器 （1）可能产生黑烟 （2）有大量粉尘、水雾常留 （3）可能产生蒸气和油雾 （4）在正常情况下有烟滞留
4	感温探测器	符合下列条件之一的场所宜选择感温探测器 （1）相对湿度经常大于95% （2）无烟火灾 （3）有大量粉尘 （4）在正常情况下有烟和蒸气滞留 （5）厨房、锅炉房、发电机房、烘干车间等 （6）吸烟室等 （7）其他不宜安装感烟探测器的厅堂和公共场所 不宜选择感温探测器的场所如下 （1）可能产生阴燃或发生火灾不及早报警将造成重大损失的场所 （2）温度0℃以下的场所，不宜选用定温探测器 （3）温度变化较大的场所，不宜选用差温探测器
5	火焰探测器	符合下列条件之一的场所宜选择火焰探测器 （1）火灾时有强烈的火焰辐射 （2）无阴燃阶段的火灾（如液体燃烧火灾等） （3）需要对火焰做出快速反应 符合下列条件之一的场所不宜选择火焰探测器 （1）可能发生无焰火灾 （2）在火焰出现前有浓烟扩散 （3）探测器的镜头易被污染 （4）探测器的镜头"视线"易被遮挡 （5）探测器易被阳光或其他光源直接或间接照射 （6）在正常情况下有明火作业以及X射线、光等影响

续表

序号	探测器类型	场所特征
6	可燃气体探测器	在下列场所宜选择可燃气体探测器 （1）使用管道煤气或天然气的场所 （2）煤气站和煤气表房以及存储液化石油气罐的场所 （3）其他散发可燃气体和可燃蒸气的场所 （4）有可能产生一氧化碳气体的场所，宜选择一氧化碳气体探测器

> **小提示**
> 装有联动装置、自动灭火系统以及用单一探测器不能有效确认火灾的场合，宜采用感烟探测器、感温探测器、火焰探测器（同类型或不同类型）的组合。

（3）线型火灾探测器的选择（表2-5）

表2-5 线型火灾探测器的选择

序号	探测器类型	场所特征
1	红外光束感烟探测器	无遮挡大空间或特殊要求的场所
2	缆式线型定温探测器	下列场所或部位宜选择缆式线型定温探测器 （1）电缆隧道、电缆竖井、电缆夹层、电缆桥架等 （2）配电装置、开关设备、变压器等 （3）各种皮带输送装置 （4）控制室、计算机室的闷顶内、地板下及重要设施隐蔽处等 （5）其他环境恶劣、不适合点型探测器安装的危险场所
3	空气管式线型差温探测器	下列场所宜选择空气管式线型差温探测器 （1）可能产生油类火灾且环境恶劣的场所 （2）不易安装点型探测器的夹层、闷顶

4. 火灾探测器的设置

（1）点型火灾探测器的设置数量和布置。

① 探测区域内的每个房间至少应设置一个火灾探测器。

② 感烟探测器、感温探测器的保护面积和保护半径，应按表2-6确定。

③ 感烟探测器、感温探测器的安装间距，应根据探测器的保护面积 A 和保护半径 R 确定，并不应超过探测器安装间距的极限曲线所规定的范围。

表 2-6 感烟探测器、感温探测器的保护面积和保护半径

火焰探测器的种类	地面面积 S/m^2	房间高度 h/m	一个探测器的保护面积A和保护半径R					
			房间坡度 θ					
			$\theta \leq 15°$		$15° < \theta \leq 30°$		$\theta > 30°$	
			A/m^2	R/m	A/m^2	R/m	A/m^2	R/m
感烟探测器	$S \leq 80$	$h \leq 12$	80	6.7	80	7.2	80	8.0
	$S > 80$	$6 < h \leq 12$	80	6.7	100	8.0	120	9.9
		$h \leq 6$	60	5.8	80	7.2	100	9.0
感温探测器	$S \leq 30$	$h \leq 8$	30	4.4	30	4.9	30	5.5
	$S > 30$	$h \leq 8$	20	3.6	30	4.9	40	6.3

④ 一个探测区域内所需设置的探测器数量，不应小于下式的计算值。

$$N = \frac{S}{K A}$$

式中　　N——探测器数量，个，N应取整数；

　　　　S——该探测区域面积，m^2；

　　　　A——探测器的保护面积，m^2；

　　　　K——修正系数，特级保护对象宜取0.7～0.8，一级保护对象宜取0.8～0.9，二级保护对象宜取0.9～1.0。

⑤ 在有梁的顶棚上设置感烟探测器和感温探测器时，应符合下列规定。

a. 当梁突出顶棚的高度小于200mm时，可不计梁对探测器保护面积的影响。

b. 当梁突出顶棚的高度为200～600mm时，应按有关规范确定梁对探测器保护面积的影响和一个探测器能够保护的梁间区域的数量。

c. 当梁突出顶棚的高超过600mm时，被梁隔断的每个梁间区域至少应设置一个探测器。

d. 当被梁隔断的区域面积超过一个探测器的保护面积时，被隔断的区域应按有关规定计算探测器的设置数量。

e. 当梁间净距小于1m时，可不计梁对探测器保护面积的影响。

f. 在宽度小于3m的内走道顶棚上设置探测器时，宜居中布置。感温探测器的安装间距不应超过10m；感烟探测器的安装间距不应超过15m；探测器至端墙的距离，不应大于探测器安装间距的一半。

g. 探测器至墙壁、梁边的水平距离，不应小于0.5m。

h. 探测器周围0.5m内，不应有遮挡物。

i. 房间被书架、设备或隔断等分隔，其顶部至顶棚或梁的距离小于房间净高的5%时，每个被隔开的部分至少应安装一个探测器。

j. 探测器至空调送风口边的水平距离不应小于1.5m，并宜接近回风口安装，探测器至多孔送风顶棚孔口的水平距离不应小于0.5m。

k. 当屋顶有热屏障时，感烟探测器下表面至顶棚或屋顶的距离，应符合表2-7的规定。

表2-7 感烟探测器下表面至顶棚或屋顶的距离规定

探测器的安装高度h/m	感烟探测器下表面至顶棚或屋顶的距离d					
	顶棚或屋顶坡度θ					
	$\theta \leqslant 15°$		$15° < \theta \leqslant 0°$		$\theta > 30°$	
	最小/mm	最大/mm	最小/mm	最大/mm	最小/mm	最大/mm
$h \leqslant 6$	30	200	200	300	300	500
$6 < h \leqslant 8$	70	250	250	400	400	600
$8 < h \leqslant 10$	100	300	300	500	500	700
$10 < h \leqslant 12$	150	350	350	600	600	800

l. 锯齿形屋顶和坡度大于15°的人字形屋顶，应在每个屋脊处设置一排探测器。

m. 探测器宜水平安装。当倾斜安装时，倾斜角不应大于45°。

n. 在电梯井、升降机井设置探测器时，其位置宜在井道上方的机房顶棚上。

（2）线型火灾探测器的布置如下。

① 外光束感烟探测器的光束轴线距顶棚的垂直距离宜为0.3～1.0m，距地高度不宜超过20m。

② 相邻两组红外光束感烟探测器的水平距离不应大于14m。探测器距侧墙水平距离不应大于7m，且不应小于0.5m。探测器的发射器和接收器之间的距离不宜超过100m。

③ 缆式线型定温探测器在电缆桥架或支架上设置时，宜采用接触式布置；在各种皮带输送装置上设置时，宜设置在装置的过热点附近。

④ 置在顶棚下方的空气管式线型差温探测器，距顶棚的距离宜为0.1m。相邻管路之间的水平距离不宜大于5m；管路至墙壁的距离宜为1～1.5m。

图2-9 手动报警按钮装置

三、手动报警按钮

手动报警按钮是手动方式产生火灾报警信号的器件，也是火灾自动报警系统中不可缺少的组成部分之一，如图2-9

所示。如果发生火灾，而火灾探测器没有探测到火灾的时候，相关人员可手动按下手动报警按钮，报告火灾信号。

发现火灾的人员在按下手动报警按钮3～5s后，手动报警按钮上的火警确认灯会点亮，这个状态灯表示火灾报警控制器已经收到火警信号，并且确认了现场位置。

> **小提示**
> 手动火灾报警按钮一般装于建筑物的走廊、楼梯、走道等人们易抵达的场所。

四、火灾报警装置

火灾报警装置由火灾报警控制器和火灾显示盘组成。

1.火灾报警控制器

火灾报警控制器是火灾自动报警系统的重要组成部分。在火灾自动报警系统中，火灾探测器是系统的"感觉器官"，时时监测建筑内的各种情况。火灾报警控制器则是系统的"大脑"，指挥各部分器件协调作用，应对发生的情况。

（1）火灾报警控制器的功能。火灾报警控制器是火灾自动报警系统的控制中心，能够接收并发出火灾报警信号和故障信号，同时完成相应的显示和控制功能，其具有的功能如图2-10所示。

功能一	为火灾报警控制器供电，也可为其连接的其他部件供电
功能二	接收来自火灾探测器及其他火灾报警触发器件的火灾报警信号，转换成声、光报警信号，指示着火部位和记录报警信息
功能三	通过火警发送装置启动火灾报警信号或通过自动消防灭火控制装置启动自动灭火设备和消防联动控制设备
功能四	自动监视系统的正常运行和对特定故障给出声光报警（自检）
功能五	具有显示或记录火灾报警时间的计时装置，其日计时误差不超过30%

图2-10 火灾报警控制器的功能

（2）火灾报警控制器的分类。火灾报警控制器的分类如表2-8所示。

表 2-8 火灾报警控制器的分类

分类方式	类型	说明
按设计使用要求分类	区域火灾报警控制器	直接连接火灾探测器，处理各种报警信息，它是组成自动报警系统最常用的设备之一
	集中火灾报警控制器	一般与区域火灾报警控制器相连，处理区域级火灾报警控制器送来的报警信号，常使用在较大型系统中
	通用火灾报警控制器	兼有区域、集中两级火灾报警控制器的双重特点。通过设置和修改某些参数（可以是硬件或软件方面），既可连接探测器做区域级使用，又可连接区域火灾报警控制器做集中级使用
按系统连线方式分类	多线制火灾报警控制器	其探测器与控制器的连接采用一一对应的方式，每个探测器至少有两根线与控制器连接，连线较多，仅适用于小型火灾自动报警系统
	总线制火灾报警控制器	探测器与控制器采用总线方式连接。所有探测器均并联或串联在总线上，一般总线数量为2或4根，具有安装、调试、使用方便，工程造价较低的特点，适用于大型火灾自动报警系统
按结构形式分类	壁挂式火灾报警控制器	其连接探测器回路数相应少一些，控制功能较简单。一般区域火灾报警控制器常采用这种结构
	台式火灾报警控制器	其连接探测器回路数较多，联动控制较复杂，操作使用方便，一般多见于集中火灾报警控制器
	柜式火灾报警控制器	可实现多回路连接，具有复杂的联动控制，集中火灾报警控制器属于此类型
按处理方式分类	有阈值火灾报警控制器	使用有阈值火灾报警探测器，处理的探测信号为阶跃开关量信号，对火灾探测器发出的报警信号不能进一步处理，火灾报警取决于探测器
	无阈值模拟量火灾报警控制器	使用无阈值模拟量火灾报警探测器，处理的探测信号为连续的模拟量信号。其报警主动权掌握在控制器方面，可以具有智能结构，这是现代火灾报警控制器的发展方向
按防爆性能分类	防爆型火灾报警控制器	有防爆性能，常用于有防爆要求的场所
	非防爆型火灾报警控制器	无防爆性能，多用于民用建筑中
按使用环境分类	陆用型火灾报警控制器	建筑物内或其附近安装的，是最常见的火灾报警控制器
	船用型火灾报警控制器	用于船舶、海上作业。其技术性能如工作环境温度、湿度、耐腐蚀、抗颠簸等要求高于陆用型火灾报警控制器

区域报警控制器的原理如图2-11所示。集中报警控制器的原理如图2-12所示。

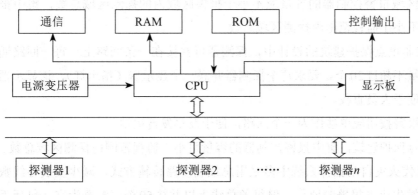

图2-11　区域报警控制器的原理

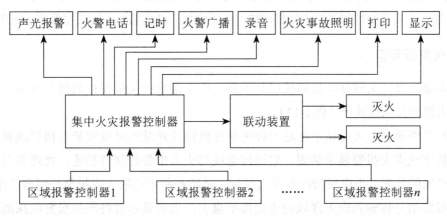

图2-12　集中报警控制器的原理

（3）火灾报警控制器主要技术性能。火灾报警控制器性能好坏直接关系到火灾的早期发现和扑救成功与否，对于能否将火灾带来的损失限制在最小范围起着决定性作用。火灾报警控制器的重要性决定了它的主要技术性能包括以下一些内容。

① 确保不漏报。

② 减少误报率。

③ 自检和巡检，确保线路完好，信号可靠传输。

④ 火警优先于故障报警。

⑤ 电源监测及自动切换，主电源断电时能自动切换到备用电源上，同时具备电源状态监测电路。

⑥ 控制功能，能驱动外控继电器，以便联动所需控制的消防设备。

⑦ 兼容性强，调试及维护方便。

⑧ 工程布线简单、灵活。

（4）火灾报警控制器及警报装置选择。火灾报警控制器及警报装置选择要求如下。

① 重点保护建筑，报警探测器的部位号应直接反映到消防控制室或集中报警控制器上，因此区域报警控制器的容量应不小于报警区域内的探测区域总数，集中报警控制器的容量应不小于监视范围内探测区域总数。

② 在非重点保护建筑的设计中，探测器可并接在一条回路上，每一回路通常跨接的探测器数量不超过20个。要求每个探测器并联一个显示器（指示灯），该显示器通常在门口附近，便于人员查找。

手动报警按钮应单独作为一个回路，便于及早发现火情。

非重点保护建筑，集中报警控制器的容量可小于监视范围内探测区域总数。

③ 现代火灾自动报警系统中多采用总线制多路传输方式，减少安装导线数量，并能准确查找发生火灾报警的地点，但每条总线上以并接50个探测器为宜（包括手动报警按钮），每个回路传输导线距离为1km为宜。允许几个探测器编成一个地址号码。

④ 选择火灾报警控制器要求报警可靠、便于维修、结构简单、接头尽量少、操作简易。

2. 火灾显示盘

火灾显示盘（又称复示盘或楼层显示器）用于接收火灾报警控制器发出的信号，显示发出火警的部位或区域（图2-13）。

（1）工作原理。火灾显示盘是一种用单片机设计开发的可以安装在楼层或独立防火区内的数字式火灾报警显示装置。它通过总线与火灾报警控制器相连，处理并显示控制器传送过来的数据。当建筑物内发生火灾后，消防控制中心的火灾报警控制器产生报警，同时把报警信号传输到失火区域的火灾显示盘上，火灾显示盘将产生报警的探测器编号及相关信息显示出来，同时发出声光报警信号，以通知失火区域的人员，火灾显示盘设有8位报警信息显示窗，可将报警探测器的编码号显示出来，满足大范围的报警显示要求。当用一台报警控制器同时监控数个楼层或防火分区时，可在每个楼层或防火分区设置火灾显示盘以取代区域报警控制器。

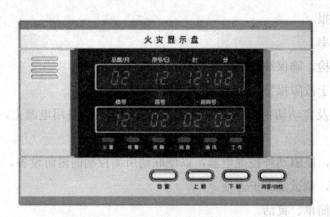

图2-13 火灾显示盘

（2）安装位置。火灾显示盘应设置在出入口等明显的和便于操作的部位。当安装在墙上时，其底边距地面高度宜为1.3～1.5m。

五、火灾警报装置

在火灾自动报警系统中，用以发出区别于环境声光的火灾报警信号的装置称为火灾警报装置。

1.火灾警报装置的作用

当现场发生火灾并被确认后，安装在现场的火灾警报装置可由消防控制室的火灾报警控制器启动，发出强烈的声光信号，以达到提醒人员注意、指导人员安全迅速疏散的目的。

2.火灾警报装置的分类

火灾警报装置一般分为编码型和非编码型两种。编码型可直接接入火灾报警控制器的信号二总线（需要电源系统提供两根DC 24V电源线）；非编码型可直接由有源DC 24V常开触点进行控制，如用手动报警按钮的输出触点控制等。

常用火灾警报装置包括：警铃、警灯和声光组合警报锚等。

3.火灾警报装置的清洁维护

由于火灾警报装置为有源器件，对其清洁维护时要格外小心。非专业人员不要随意拆卸火灾警报装置；不要用水冲洗或用湿布擦拭火灾警报装置，以免进水造成短路，损坏器件；可用吹风机吹扫或用不太湿的布擦拭火灾警报装置表面。

六、火灾自动报警系统设计

火灾自动报警系统由触发装置、报警装置、警报装置和电源组成，其中触发装置由手动报警按钮和火灾探测器组成；报警装置由中继器、探测报警控制装置、火灾报警控制器、火灾显示器组成；警报装置由火灾显示灯、火灾警报器、声光显示器组成。

目前国内外工程所采用的火灾自动报警系统，其基本形式有下三种：区域报警系统、集中报警系统、控制中心报警系统。

1.区域报警系统

采用区域报警系统应注意如下问题。

（1）单独使用的区域系统，一个报警区域宜设置一台区域报警控制器，必要时可使用两台，最多不能超过三台区域报警控制器。

如果区域报警控制器的数量多于三台，就应考虑采用集中报警控制系统。

（2）当用一台区域报警控制器警戒数个楼层时，为便于在探测器报警后，管理人员能及时、准确地到达报警地点，迅速采取扑救措施，在每个楼层楼梯口明显的地方设置识别报警楼层的灯光显示装置。

（3）壁挂式的区域报警控制器安装时，其底边距地面的高度不应小于1.5m，这样，整个控制器都在1.5m以上，既便于管理人员观察监视，又不致被小孩触摸到。另外，控制器门轴侧面距墙不应小于0.5m，正面操作距离不应小于1.2m。

（4）区域报警控制器一般应设在有人值班的房间或场所。如果确有困难，可将其安装在楼层走道、车间等公共场所或经常有值班人员管理巡逻的地方。

2．集中报警系统

集中报警系统是由集中报警控制器、区域报警控制器和火灾探测器等组成的火灾自动报警系统。集中报警系统应由一台集中报警控制器和两台以上的区域报警控制器组成。

集中报警系统在设备布置时，应注意以下几点。

（1）集中报警控制器输入、输出信号线，在控制器上通过接线端子连接，不得将导线直接接到控制器上。且输入、输出信号线的接线端子上有明显的标记和编号，便于线路检查、更换或维修。

（2）控制器前后应按规定留出操作、维修的距离。

盘前正面的操作距离为：单列布置时，不小于1.5m；双列布置时，不小于2m；值班人员经常工作的一面，盘面距墙不小于3m。盘后修理间距不小于1m，从盘前到盘后应为宽度不小于1m的通道。

（3）集中报警控制器应设在有人值班的房间或消防控制室。控制室的值班人员应经过当地公安消防机构培训后，持证上岗。

（4）集中报警控制器所连接的区域报警控制器应满足区域报警控制器的要求。

3．控制中心报警系统

控制中心报警系统是由设置在消防控制室的消防控制设备、集中报警控制器、区域报警控制器和火灾探测器等组成的火灾自动报警系统。

（1）控制中心报警系统的设备。这里所说的消防控制设备主要如下。

① 火灾警报装置。

② 火警电话。

③ 火灾事故照明。

④ 火灾事故广播。

⑤ 防排烟、通风空调、消防电梯等联动控制装置。

⑥ 固定灭火系统控制装置等。

(2) 控制中心报警系统的设计要求。该系统在设计上应符合下列要求。

① 系统中至少设有一台集中报警控制器和必要的消防控制装置。这些必要的消防控制装置和集中报警控制器都应设在消防中心控制室。有的厂家把消防控制装置与区域报警控制器设在一起。在区域报警控制器上完成联动控制功能后,将信号送到消防中心。这种设计在大型工程中值得推广。

② 在大型建筑群里,设在消防中心控制室以外的集中报警控制器和联动控制装置,均应将火灾报警信号和联动控制信号传送到消防中心控制室。

第三节

消防联动控制设备

一、何谓消防联动控制设备

在火灾自动报警系统中,当接收到来自触发装置的火灾报警后,能自动或手动启动相关消防联动设备并显示其状态的设备,称为消防联动控制设备。主要控制消防泵、排烟风机、送风机、电动防火阀、常开防火门、防火卷帘、电梯迫降、火灾应急广播、火灾警报装置、消防通信、火灾应急照明与疏散指示标志等消防设施的动作,并显示其工作状态。

常见的消防联动控制设备主要有自动喷水灭火系统、消火栓灭火系统、防火卷帘(门)系统、防排烟系统、火灾应急广播系统、消防电话系统、电梯迫降系统。

二、自动喷水灭火系统

1. 分类

自动喷水灭火系统按喷头形式,可分为闭式和开式两类。

(1) 闭式系统。闭式系统是指使用封闭式喷头,整个系统的管道是封闭的。闭式系统又可分为如表2-9所示的四种系统。

表 2-9 闭式系统的分类

序号	分类	具体说明
1	湿式系统	平时管道内充满有压水的闭式系统
2	干式系统	平时管道内充满有压气体的闭式系统
3	预作用系统	平时配水管道内不充水，由火灾自动报警系统自动开启雨淋报警阀后，转换为湿式的闭式系统
4	重复启闭预作用系统	能在扑灭火灾后自动关阀、复燃时再次开阀喷水的预作用系统

（2）开式系统。开式系统是指使用敞开式洒水喷头，整个系统的管道是敞开的，由火灾自动报警系统控制，自动启动供水泵后，向开式洒水喷头供水的自动喷水灭火系统。这种系统适用于环境温度低、管道内的水不会冻结的场所。

2.湿式自动喷水灭火系统

湿式系统是自动喷水灭火系统中最基本的形式，在实际工程中最常见。其具有结构简单、施工、管理方便，灭火速度快，控火效率高，建设投资和经常管理费用省，适用范围广等优点，但使用受到温度的限制，适用于环境温度不低于4℃且不高于70℃的建（构）筑物。

（1）构成。湿式自动喷水灭火系统由喷头、湿式报警阀、延迟器、水力警铃、压力开关、水流指示器、管道系统、供水设施、报警控制箱等组成。

（2）工作过程。湿式自动喷水灭火系统的喷头上装有热敏液体的玻璃球封住喷头，当发生火灾时，温度上升，达到一定值时，由于液体的膨胀而使玻璃球炸裂，喷头开始喷水灭火。喷头喷水导致管网的压力下降，报警阀压力下降使阀板开启，接通管网和水源以供水灭火；同时报警阀动作，水力警铃经过延时器延时（大约30s）后发出声音报警信号。管网中的水流指示器感应到水流流动，经过一段时间（20～30s）的延时，发出电信号到控制室。当管网压力下降到一定值时，管网中压力开关也发出电信号到控制室。两者均可启动水泵。其工作原理如图2-14所示。

3.干式自动喷水灭火系统

干式自动喷水灭火系统不受低温和高温的影响，适用于室温低于4℃及高于70℃的场所。但由于干式灭火系统，在平时管道内不充水，灭火时排出气体后才能喷水灭火，故灭火速度较慢，不宜用于燃烧速度快的场所。

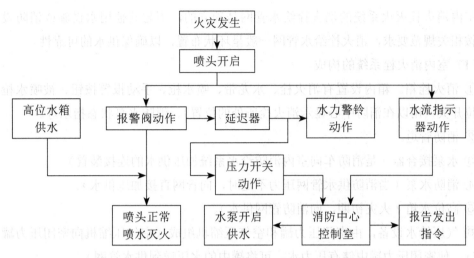

图2-14 湿式自动喷水灭火系统工作原理

三、消火栓灭火系统

消火栓灭火系统分为室外栓灭火系统和室内消火栓系统。

1. 室外消火栓系统

室外消火栓是设置在室外消防给水管网或市政管网上的供水灭火设施，主要供消防车取水实施灭火，也可以连接水带、水枪直接出水灭火。

室外消火栓是一个城市或一个建筑小区的公共消防基础设施，当建筑出现火灾等情况下，消防车可以从室外消火栓接水给建筑灭火。

室外消防栓的给水管网一般呈环状布置（室外消防用水量不大于15L/s时，可布置成枝状管网），与室外生产、生活给水管道合并使用。环状管网的进水管不小于两根，宜从两根市政给水管道引入。室外管线最小直径不应小于 DN100。管网最高点处设置自动排气阀。

室外消火栓按安装形式又可分为地上式消火栓和地下式消火栓。地上式消火栓安装在地上，操作方便，但易被碰撞，易受冻，南方地区广泛采用。地下式消火栓防冻效果好，但需要建较大的地下井室，且使用时要到井内接水。

2. 室内消火栓系统

室内消火栓灭火系统是最实用和普遍的室内固定灭火系统，是扑救火灾的重要消防设施之一。主要包括以下部分：消防给水基础设施、消火栓给水管网、水泵接合器、消火栓箱及系统附件等。

室内消火栓灭火系统的消火栓给水管网是独立的,不与其他用水设施或消防设施共用,按相关规范要求,消火栓给水管网一般呈环状布置,以确保供水的可靠性。

(1) 室内消火栓系统的构成。

① 消火栓箱。箱内设置有消火栓、水龙带、喷水枪、手动报警按钮、被喷水枪压住的限位开关(用以在消防中心显示消火栓所处的位置)、消防水泵状态指示灯。

② 消防管道。

③ 水泵接合器(是消防车向室内消防给水系统加压供水的连接装置)。

④ 消防水泵(当消防供水管网压力不足时,向管网直接加压供水)。

⑤ 高位水箱(火灾初期,向消防管网供水)。

⑥ 气压给水设备,由密闭压力罐和空气压缩机组成(空气压缩机向密闭压力罐充压缩空气,使密闭压力罐中储有压力水,可将罐中的水压送到供水管网)。

当火灾发生时,由手动按钮或火灾探测器向消防中心发出报警信号,消防中心确认警情及火灾发生的地点,并启动消防泵向消防管网直接加压供水(或与压力罐供水组合)。而在消防管网加压供水之前,由高位水箱供水给消火栓灭火。室内消火栓如图2-15所示。

图2-15 室内消火栓

(2) 室内消火栓的操作方法。

① 发生火灾时,应迅速打开消火栓箱门,紧急时可将玻璃门击碎,按下箱内控制按钮,启动消防水泵。

② 取出水枪,拉出水带,同时把水带接口一端与消火栓接口相连,另一端与水枪相连,在地面上拉直水带。

③ 把室内消火栓手轮顺开启方向旋开,同时双手紧握水枪,喷水灭火。

④ 灭火完毕后，关闭室内栓及所有阀门，将水带冲洗干净，置于阴凉干燥处晾干后，按原水带安置方式置于栓箱内。将已破碎的控制按钮玻璃清理干净，换上同等规格的玻璃片。检查栓箱内所配置的消防器材是否齐全、完好，如有损坏应及时修复或配齐。

四、防火卷帘（门）系统

防火卷帘（门）是防火分隔物，有隔火、阻火、防止火势蔓延的作用。

1.防火门

防火门平时处于开启状态，门任一侧的火灾探测器报警后，防火门应自动或手动关闭；防火门关闭信号应送到消防控制室。

2.防火卷帘

疏散通道上的防火卷帘两侧，应设置火灾探测器组及其报警装置，且两侧应设置手动控制按钮，让部分未撤离火灾现场的人通过。

疏散通道上的防火卷帘，应按以下程序自动控制下降。

（1）感烟探测器动作后，防火卷帘下降至距地面1.8m，便于火灾初起时人员疏散，经过一定延时后，防火卷帘降至地面。

（2）感温探测器动作后，防火卷帘应下降到底。

感烟、感温火灾探测器的报警信号及防火卷帘的关闭信号应送至消防控制室。

> **小提示**
> 防火卷帘一般采用电动卷帘。为了保证卷帘的耐火性能，在卷帘两侧要装喷水装置进行喷水降温。

五、防排烟系统

烟气具有毒害性、减光性、恐怖性等特点，危害大。大量火灾表明，烟气是导致建筑火灾人员伤亡的最主要原因，建筑物内设置防排烟系统，主要有如图2-16所示的三个作用。

防排烟系统分为防烟系统和排烟系统。

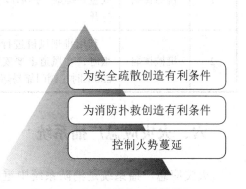

图2-16 设置防排烟系统的作用

1.防烟系统

防烟系统是指采用机械加压送风方式或自然通风方式,防止建筑物发生火灾时烟气进入疏散通道和避难所的系统。加压防烟是用风机把一定量室外空气送入房间或通道内,使室内保持一定压力,以避免烟气侵入。

当门关闭时,房间内保持一定正压值,空气从门缝或其他缝隙流出,防止烟气的侵入。

当门开启时,送入加压区的空气以一定的风速从门洞流出,防止烟气的流入。

2.排烟系统

排烟系统是指采用机械排烟方式或自然通风方式,将烟气排至建筑物外,使建筑物内的有烟区域保持一定能见度的系统。在有中央通风、空调系统的建筑物中,可以利用通风空调系统进行排烟和送入新风。

(1) 排烟的部位。排烟的部位有两类,即着火区和疏散通道,如表2-10所示。

表 2-10 排烟的部位

序号	排烟部位	具体说明
1	着火区	目的是将火灾产生的烟气排到室外,有利于着火区的人员疏散及救火人员的扑救
2	疏散通道	是为了排除可能侵入的烟气,以保证疏散通道无烟或少烟,以利于人员安全疏散及救火人员通行

(2) 排烟的方式。排烟的方式有自然排烟和机械排烟两种。如表2-11所示。

表 2-11 排烟的方式

序号	排烟方式	具体说明
1	自然排烟	利用自然作用力的排烟称为自然排烟。自然排烟利用外窗、专设的排烟口或竖井排烟,排烟口平时处于关闭状态,当火灾发生时,控制系统将排烟口打开
2	机械排烟	利用排烟风机进行强制排烟称为机械排烟。利用通风空调系统的风道排烟时,在风道上要安装排烟防火阀,排烟时打开,当火灾区域内温度超过280℃时,阀门靠易熔管控制自动关闭,防止火灾蔓延

六、火灾应急广播系统

火灾应急广播系统是消防系统中重要的安全设备,起着组织火灾区域人员安全、有序地疏散和指挥灭火的作用。目前广泛采用的是消防应急广播与建筑内服务性广播合用的系统。火灾时应能在消防控制室将火灾疏散层的扬声器和公共广播扩音机强制转入火灾应急广播状态,并能监控扬声器及扩音机的工作状态。

火灾广播系统一般与正常广播系统合一,通过控制模块进行切换。平时可以用于播放音乐、新闻、通知等;当发生火灾时,广播系统被切换到消防广播中心,发出警报并指挥人员撤离。

1.火灾应急广播系统的组成

火灾应急广播系统由扩音机、广播分路盘及扬声器组成。扩音机具有话筒输入回路和磁盘输入回路(即拾音回路)。扩音机输出功率一般都在200W左右,因此仅适用于小范围的火灾应急广播系统。在重要场所应设置备用扩音机,备用扩音机应能手动切入。

2.火灾应急广播与背景音乐的切换

火灾应急广播与背景音乐的切换方式,可以采用在分路盘中抑制背景音乐声压级,提高消防火灾广播声压级的方式,也可以用音源切换方式。前者只需一套功放及输出线,后者的背景音乐及消防火灾广播需要分开设置功放。

凡是需要做火灾广播的扬声器均需接两条线路,一路为背景音乐,一路为火灾广播,并在扬声器处设火警联动控制模块。平时播放背景音乐,火灾发生时切换成消防火灾广播。这种方式适用于大部分扬声器用作背景音乐广播,少部分扬声器用作消防广播的场所。

七、消防电话系统

消防电话系统是一种消防专用的通信系统,通过消防电话总机与消防电话分机或消防电话插孔之间的直接通话可迅速实现对火灾的人工确认,并可及时掌握火灾现场情况,便于指挥灭火及恢复工作。

电话采用直接呼叫通话方式,无需拨号,拿起各部分机电话,总机立即响应。总机和分机通话,当总机呼叫分机时,按下对应分机开关,对应分机发出铃响,分机即可和总机对话。

在下列部位应设置消防专用电话分机:消防水泵房、备用发电机房、变电配电室、主要通风和空调机房、排烟机房、消防电梯及其与消防控制有关的且经常有人值班的机房等。

在下列部位应设置电话插孔:有手动火灾报警按钮处、消火栓按钮处等。

八、电梯迫降系统

（1）在消防中心设有电梯运行盘或电梯迫降按钮，平时显示电梯运行状态。

（2）当消防中心的控制装置接收到火灾报警信号时，发出声、光报警；在确认真的有火情时，消防值班人员操作钥匙开关或密码，启动电梯迫降按钮，强制将正处于运行状态的电梯迫降到底层，从而将具有消防功能的电梯转化为消防电梯。

（3）电梯的动作信号反馈给消防中心的报警控制装置，控制装置上的电梯迫降显示灯亮。

（4）当把电梯系统设置了输出模块，并与电梯控制盘相接后，发生火灾时，主机将按照预先编制的软件程序指令相应的输出模块动作，通知电梯控制盘，电梯迫降到底层。

小提示

建筑物内消防电梯的多少是根据建筑物的层建筑面积来确定的。当层建筑面积不超过 $1500m^2$ 时，设置一部消防电梯；层建筑面积为 $1500\sim 4500m^2$ 时，需设置两部消防电梯；当层建筑面积大于 $4500m^2$ 时，应设置三部消防电梯。

相关链接

对消防联动控制设备的运行管理

1. 定期检查

值班人员每日应检查火灾自动报警系统及消防联动控制系统的功能是否正常，如发现不正常，应在日登记表中记录并及时处理。

2. 月（季）试验和检查

（1）按产品说明书要求，试验火灾报警装置的感烟、感温探测器和声、光显示是否正常。

（2）试验自动喷水灭火系统管网的水流指示器、压力开关等报警功能、信号显示是否正常。试验方法为：打开末端试水装置，片刻后此层水流指示器和报警阀压力开关应动作并将信号反馈至消防控制室。

（3）有联动控制功能的下列消防控制设备，应自动或手动检查其控制显示功能是否正常。

① 防排烟设备、电动防火阀、防火卷帘等的控制设备。

② 室内消火栓、自动喷水灭火系统等的控制设备。

③ 火灾应急广播、火灾应急照明系统的控制设备。

④ 二氧化碳、干粉、泡沫等固定灭火设备等的控制设备。

（4）普通电梯停于底层试验，并有信号反馈至消防控制室。

（5）对于消防通信设备，应进行消防控制室与所设置场所的所有对讲电话通话试验、电话插孔通话试验，通话应畅通，语音应清楚。

（6）检查所有的手动、自动转换开关是否正常，如电源转换开关，灭火转换开关，防排烟、防火门、防火卷帘等转换开关，警报转换开关，应急照明转换开关等。

（7）进行强制切断非消防电源功能试验。

3. 在非正常情况下对消防联动设备的控制操作程序

（1）火灾报警后，消防控制室值班人员对联动对象实施控制操作。

① 停止有关部位风机，关闭防火阀，并注意接收其反馈信号。

② 启动有关部位的防烟、排烟风机（包括正压送风机）和排烟阀，并注意接收其反馈信号。

（2）火灾确认后，消防控制室值班人员对其联动对象实施控制操作。

① 关闭有关部位的防火门、防火卷帘，并注意接收其反馈信号。

② 发出控制信号，强制电梯全部停于底层，并注意接收其反馈信号。

③ 接通火灾应急照明灯和疏散指示灯。

④ 切断有关部位非消防电源。

⑤ 按疏散顺序接通火灾警报装置和消防应急广播。火灾警报装置的控制程序应符合下列要求。

◆ 二层及二层以上楼层发生火灾，宜先接通着火层及相邻的上、下层。

◆ 底层发生火灾，宜先接通本层、二层及地下各层。

◆ 地下层发生火灾，宜先接通地下各层及底层。

第四节

消防联动控制器

一、何谓消防联动控制器

对于小型、简单的建筑场所，仅有报警没有联动控制功能的火灾自动报警就可满足消防保护的要求。这类火灾自动报警系统一般由火灾报警控制器、火灾探测器、手动报警按钮、声光警报器构成。

而对于大型复杂的建筑场所，由于疏散困难、报警区域大、灭火设备多，需要监控的建筑消防设施不仅有报警功能的各类火灾探测器，还应包括有关的消防联动控制装置。

消防联动控制器就是监视和控制有关消防联动控制装置的火灾报警控制装置。消防联动控制装置主要为三类，包括火灾应急广播和消防电话等疏散装置，卷帘门控制器、防火门、新风排烟控制装置等限制火势装置，消火栓、各种自动灭火控制装置等。

二、消防联动控制器的作用

能够接收火灾报警控制器或其他火灾触发器件发出的火灾报警信号，根据预定的控制逻辑向相关的联动控制装置发出控制信号，控制各类消防设备实现人员疏散、限制火势蔓延和自动灭火等消防保护工作。

三、消防联动控制器的功能

消防联动控制器的功能如表2-12所示。

表2-12 消防联动控制器的功能

序号	主要功能	具体说明
1	接收报警功能	控制器能接收火灾报警控制器或其他火灾触发器件发出的火灾报警信号（发出声、光信号）
2	现场编程功能	按照设计的预定逻辑编制各种联动公式
3	控制功能	按照预定的控制逻辑直接或间接控制其连接的各类受控消防设备，并接收联动控制装置的反馈信号
4	故障报警功能	当控制器内部、控制器与其连接的部件间发生故障时，控制器能在100s内发出与火灾报警信号有明显区别的故障声、光信号
5	屏蔽功能	控制器具有对模块等设备进行单独屏蔽、解除屏蔽操作的功能
6	自检功能	控制器能手动检查其面板所有指示灯（器）、显示器的功能
7	信息显示与查询功能	控制器信息显示动作、监管故障报警及其他状态顺序由高至低排列信号显示，高等级状态信息优先显示，低等级状态信息显示不应影响高等级状态信息显示，显示的信息与对应的状态一致且易于识别。当控制器处于某一高等级状态信息显示时，能通过手动操作查询其他低等级状态信息，各状态信息不交替显示
8	电源功能	控制器的电源部分具有主电源和备用电源转换装置。当主电断电时，能自动转换到备用电源

四、消防联动控制器的分类

对消防联动控制器的分类，按连线方式可分为多线制、总线制、火灾报警控制器（联动型）三种；按结构形式可分为壁挂式、琴台式、柜式三种，如表2-13所示。

表2-13 消防联动控制器的分类

按连线方式分类	多线制消防联动控制器	消防联动控制器与被控设备之间采用多线制连接方式（连接采用硬线一一对应方式）。多线制消防联动控制器一般操作简单、安全可靠，适用于外控设备数量少或者要求高可靠性的重要外控设备。国内早期消防联动控制器多采用多线制方式，但随着外控设备数量增加，智能探测技术发展，现基本被总线制消防联动控制器取代
	总线制消防联动控制器	消防联动控制器与被控设备之间采用总线制连接方式。控制模块与控制器之间连线采用总线方式，并联或串联在总线上的控制模块与控制器采用总线通信方式进行信息传递，每个控制模块均有编码地址。总线制消防联动控制器适用于大型火灾自动报警系统，布线简单，调试方便。在国内，总线制消防联动控制技术是发展趋势
	火灾报警控制器（联动型）	火灾报警控制器（联动型）集报警和联动控制于一体，从而实现手动或自动联动、跨区联动、设置防火区域，使火灾报警与消防联动控制达到最佳的配合。火灾报警控制器（联动型）集成度高、联动控制灵活、布线简单、调试方便、适用范围广。在国内，现在基本采用了火灾报警控制器（联动型）作为消防联动方式
按结构形式分类	壁挂式消防联动控制器	采用壁挂式机箱结构，适合安装在墙壁上，占用空间较小。其相连的被控设备回路较少一些，控制功能较简单。一般多线制消防联动控制器、区域型或集中区域兼容型火灾报警控制器（联动型）常采用这种结构
	琴台式消防联动控制器	采用琴台式结构，回路较多，联动控制较复杂，操作使用方便。内部电路结构大多设计成插板组合式，带载容量较大，操作使用方便。一般常见于总线制消防联动控制器、集中火灾报警控制器（联动型）
	柜式消防联动控制器	采用立柜式结构，回路较多，内部电路结构大多设计成插板组合式，带载容量较大，操作使用方便，但柜式结构占用面积小。一般常见于总线制消防联动控制器、集中型或集中区域兼容型火灾报警控制器（联动型）

第三章
智慧物业安防系统

第一节

智慧物业安防系统概述

一、智慧物业安防系统的要求

智慧物业安防系统应符合以下要求。

（1）依据被管辖区域内被防护对象的防护等级、安全防范管理等要求，以建筑物的物理防护为基础，综合运用电子信息、云计算、大数据等技术，构建而成。

（2）适应安全技术防范数字化、网络化、平台化的大安防方式发展趋向，建立以安全技术防范信息为基本运载对象的系统化架构及网络化体系，不断提升安全信息资源共享和实施优化技术防范管理综合功能。

（3）包括安全综合管理平台、入侵报警、视频安防监控、出入口控制电子系统、访客及对讲系统、停车牌（场）管理系统等。

（4）应符合现行国家标准《安全防范工程技术标准》（GB 50348—2018）、《入侵报警系统工程设计规范》（GB 50394—2019）、《视频安防监控系统工程设计规范》（GB 50395—2007）、《出入口控制系统工程设计规范》（GB 50396—2007）等。

（5）建立以安防信息集约化监管为集成的平台。

（6）适应安防技术发展，采用数据化系统技术及其设备搭建系统。

（7）拓展建筑优化公共安全管理所需的相应增值应用功能。

（8）作为应急响应系统的基础系统之一。

（9）系统宜纳入智能化集成系统。

二、智慧物业安防系统的组成

一个优秀的智能化系统必然包括一个安全、可靠、高效、符合人性化的综合保安系统。考察物业服务企业所管辖区域周边环境及内部情况，建议在室外干道等公共区域，采用摄像监控为主，保安人员巡查为辅，以便监控中心能及时了解情况，进行必要控制，确保区域安全。各建筑物内部区域，采用报警探测和摄像监控相配合，辅助以门禁控制和巡更；在各建筑物外墙布设主动红外预警系统，通过人防和技防的结合，实现区域安全。

根据上述分析及要求，智慧物业安全防范系统应包括如图3-1所示的几个子系统。

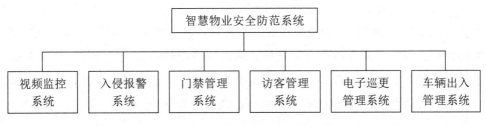

图3-1 智慧物业安全防范系统的组成

1.视频监控系统

视频监控系统简而言之是通过图像监控的方式对楼宇的主要出入口和重要区域进行实时、远程视频监控的安防系统。系统通过前端视频采集设备即摄像机将现场画面转换成电子信号传输至中心，然后通过显示单元实时显示、存储设备录像存储等，实现工作人员对各区域的远程监控及事后事件的检索功能。

2.入侵报警系统

入侵报警系统是对非法入侵向安保人员提供报警信号的安防系统。系统通过前端布置的探测器对楼宇周界及重要区域进行布防，实现对重要区域的非法入侵探测，一旦监视区域内发生非法入侵，前端探测器立即发出报警信号到中心，中心通过声光报警的方式提示安保人员。

3.门禁管理系统

门禁管理系统主要指在办公区、生产区、库房等重要场所的出入口处设置门禁读卡器，工作人员通过中心统一发放的门禁卡进出权限范围内的区域，同时能结合楼宇停车管理系统、考勤系统及消费系统等实现楼宇"一卡通"功能。

4.访客管理系统

访客管理系统是指通过在门卫或前台设置访客机，访客出示第二代身份证或其他证件，访客机扫描或阅读第二代身份证等相关证件，读取相关个人信息，并打印访客单或发放可循环使用的临时ID/IC卡（可根据需要对访客拍照），对来访人员进行管理。在登记信息时，指定被访人员，自动授权相关区域的门禁系统，并对访客的进、出信息，配合视频监控图像进行实时记录。

5.电子巡更管理系统

电子巡更管理系统是指通过在楼宇的主要干道、楼梯间、重要机房、仓库等场所设置巡更点，安保人员在特定时间内按设计好的线路进行巡更，实现楼宇安防的人防和技防相结合。该系统分离线式巡查及在线式巡查两种，离线式无需布线至中心，施工方便，系统伸缩性高，但实时安全性不高；在线式通过巡更点与中心直接连接，能实时显示巡查人员的身份信息、地理位置等，很大程度上提高了电子巡查的安全性，在工程建设时能整合楼宇的门禁管理系统以达到节省造价成本的目的。

6.车辆出入管理系统

车辆出入管理系统采用先进技术和高度自动化的机电设备，将机械、计算机和自控设备以及智能IC卡技术有机地结合起来，通过计算机管理可实现车辆出入管理、自动存储数据等功能，实现脱机运行并提供高效的管理服务。

三、智慧物业安防系统的总体架构

对于智慧物业安全防范系统的建设，绝不应该是对各个子系统进行简单堆砌，而是在满足各子系统功能的基础上，寻求内部各子系统之间、与外部其他智能化系统之间的完美结合。系统主要依托于综合管理平台来实现对视频监控系统、入侵报警系统、门禁系统及停车场管理等各子系统的综合管理和控制。

大型应用系统前端接入多个子系统设备，可包括高清视频监控系统、入侵报警系统、车辆管理系统、可视对讲系统、人员通道系统、门禁管理系统、在线巡查系统等，其中若干子系统组成智慧物业系统应用。

基于智慧物业安全防范系统的整体解决方案支持系统的灵活部署，根据实际项目的设备接入规模、包含子系统类型及各模块功能需求，可按需部署相应的服务器，以运行模块化系统服务软件，并根据服务器硬件性能与实际处理能力的要求确定服务器数量。

系统服务软件主要包括中心管理服务、存储管理服务、网管服务、流媒体服务、报警服务、设备接入服务、移动接入服务、图片服务、电视墙服务等。

整个系统由系统前端、传输网络、中心系统这三个相互衔接、缺一不可的部分组成，如图3-2所示。

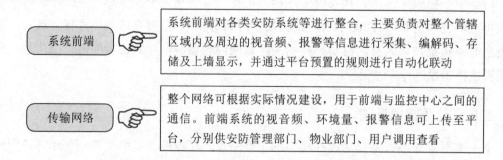

 中心系统可管理所有前端设备，接收由各区域上报的信息，满足各级用户对监控视频、报警信息查看等需求。系统服务软件主要包括中心管理服务、存储管理服务、网管服务、流媒体服务、报警服务、设备接入服务、移动接入服务、图片服务、电视墙服务等

图3-2 智慧物业安防系统的总体架构

某企业安防系统终端图示如图3-3所示。

图3-3 某企业安防系统终端图示

第二节
视频监控系统

一、何谓视频监控系统

视频监控系统是一种由计算机控制的图像矩阵交换系统，是安全技术防范体系中的一个重要组成部分，是一种先进的、防范能力极强的综合系统。利用系统控制台，操作人员可以选取各种摄像机，将其图像显示在所用的图像监视器上，同时进行录像。系统

可以自动地管理外部报警信号，可以由选定的监视器依照程序进行显示。系统能够监视摄像机的图像信号电平，如果摄像机出现故障，系统会及时做出报警反应并记录下故障。系统外的其他智能建筑子系统的设备，例如防盗报警系统、门禁管理系统、消防系统，可以通过系统辅助通信接口进行联动控制。

视频监控系统对于人们无法直接观察的场合，能实时、形象、真实地反映被监视控制对象的画面（图3-4），并已成为人们在现代化管理中监控的一种极为有效的观察工具。由于它具有只要少量工作人员在控制中心操作就可观察许多区域（甚至是远距离区域）的独特功能，被认为是保安工作的有效帮手。

图3-4　视频监控系统界面

二、视频监控系统的功能

视频监控系统主要用于对小区主要道路、活动区域、电梯、楼梯间、候梯厅、停车场、周界等位置进行现场视频实时监控，同时与周界报警系统进行联动，其功能如图3-5所示。

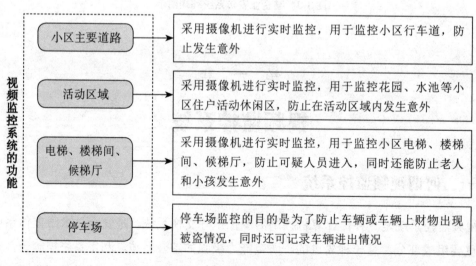

图3-5　视频监控系统的功能

三、视频监控系统的组成

视频监控系统包括前端采集、传输、控制、显示、记录五个部分，各个部分之间环环相扣，形成一个完整的监控防护系统。

1.前端采集部分

前端采集部分多由一台或多台摄像机及红外灯、声音采集设备、防护罩等组成，主要是为了采集画面、声音、报警信息和状态信息。摄像机录制了画面之后，传输到监控系统中，并可以实现镜头的拉近、推远、变焦控制等，解码器作为控制镜头和云台的重要设备，可以在监控台通过计算机来控制镜头的移动。

2.传输部分

视频监控系统中的传输过程是指利用光纤、双绞线、无线网络等传输、控制指令和状态信息。传输部分根据输送的类型不同，分为数字信号和模拟信号。

3.控制部分

控制部分是整个系统的"心脏"和"大脑"，是实现整个系统功能的指挥中心。控制部分主要由总控制台（有些系统还设有副控制台）组成。总控制台中主要的功能有：视频信号放大与分配、图像信号的校正与补偿、图像信号的切换、图像信号（或包括声音信号）的记录、摄像机及其辅助部件（如镜头、云台、防护罩等）的控制（遥控）等。

4.显示部分

显示部分主要负责将得到的视频、音频信号在终端设备输出。终端显示设备经过了几个时代的更新，从最早的监视器、液晶监视器到投影仪、LCD拼接屏等。

5.记录部分

这部分主要保证图像等数据最终被完好地存储于归档。记录部分采用的设备包括硬盘录像机、网络硬盘录像机和网络存储等，小型监控系统与大中型监控系统采用的设备各有不同。

【案例】▶▶

××小区视频监控系统智能化综合解决方案

1.前端高清视频采集系统

1.1 系统概述

根据小区项目分析及项目防区分析，前端点位摄像机主要设置在室外公共区域、地下室公共区域、单元区域，总体设计说明如下。

（1）室外周界围墙采用彩色红外一体化摄像机或红外高清网络高速智能球形摄像机，实现与周界入侵报警系统联动。

（2）室外主要干道设置彩色红外一体化摄像机，公共活动区域（儿童游玩区、休息凉亭等区域）设置一体化智能球形摄像机。

（3）地下室车库主要车道、拐角及出入口处设置彩色红外一体化摄像机，对车行状况进行动态监控管理。

（4）单元区域，主要在电梯门厅、消防楼道及电梯轿厢内考虑安装摄像机。

（5）电梯门厅包括首层、地下室、屋顶层，均设置半球摄像机。

（6）消防楼道配合门禁管理安装彩色红外一体化摄像机。

（7）电梯轿厢内设置电梯专用摄像机对轿厢内的活动情况进行监控。

（8）接入智能分析设备，实现对周界等重点区域的智能分析，如视频诊断、单向/双向拌线检测、区域入侵检测等。

（9）接入枪球联动设备，实现高速智能自动跟踪功能。

室外摄像机链路超过90m时，需考虑采用电转光方式对摄像机图像信号进行处理，保证图像传输的实时性、流畅性；室内区域的摄像机接入所在单元楼层的接入层交换机。交换机需考虑摄像机总路线，选择合适带宽、带组播功能的百兆或千兆交换机，可满足图像信号实时传输。

本项目以智能综合信息管理平台为载体，综合集成视频监控系统、可视对讲系统、停车场管理系统、人行翼闸管理系统、电子巡更管理系统、周界报警系统等，通过上层综合管理平台的统一协调实现各应用子系统间的资源共享与信息互通，可根据需要融合物业管理、社区管理及小区日常办公等系统，从而达到管理便捷性、数据直观性，实现各应用子系统之间的智能化联动和处置突发事件的应急指挥。

1.2 系统设计

针对具体监控点位的实际情况，摄像机安装于监控立杆上，网络传输设备、光纤收发器、防雷器、电源等部署于室外机箱。

小区闭路监控系统摄像机采用行业内非常先进的成熟技术；采用H.264压缩技术减少带宽占用；采用三码流，主码流和两个子码流独立应用，提升摄像机性能，支持走廊模式，狭长区域不变形，支持HighProfile最高压缩技术。

1.3 摄像机点位部署

小区闭路监控系统部署区域、重要位置设置了××个点位。考虑到夜间监控区域内光照条件较差，采用红外一体机或星光级摄像机，以保证夜间监控效果。

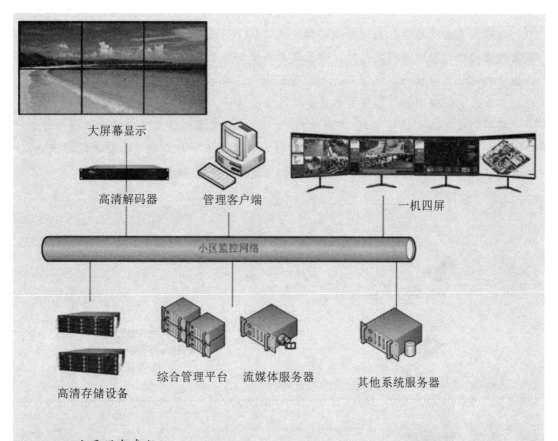

1.4 主要设备参数

（略）

2. 网络视频传输系统

2.1 系统概述

为保证网络摄像机图像传输、实时存储对带宽的要求，网络视频监控系统应采用专用网络，与计算机网络子系统物理上相独立，但同时要满足计算机网络下的用户通过授权能对视频监控专网的系统进行操作。视频监控系统专用网络以千兆光纤为主干，百兆铜缆为接入，并预留今后万兆扩展能力，整个传输系统为二层监控网络结构，力求结构明确、简单、实用。监控中心设置核心交换机，汇聚各个区域及分控中心的所有视频数据。NVR设备以千兆双绞线连接接入交换机的千兆网络接口。

传输构架是网络监控系统的"神经网络"，它保证了系统的稳定性，同时其扩展性也应满足系统今后几年的扩展，根据上述要求，整个网络系统预留了至少50%的系统冗余。同时在网络设计中，可配合管理平台自身的权限管理功能，利用VLAN、ACCESS-LIST等网络安全技术，对不同区域的网络监控点进行逻辑分类，并应用访问控制策略约束或放开资源共享过程中，可能存在的网络通断状态。

接入层交换机分布在不同的建筑内和不同功能区。接入层是网络的最边缘部分，须具备较为完善的功能，支持组播功能，支持VLAN技术，能进行硬件堆叠，具有无拥塞的交换结构和线速转发性能。因采用专用视频监控系统和专用网络，所有前端网络摄像机都就近接入弱电配线间。如果有区域资源共享限制需求，可根据客户要求通过软件来进行逻辑划分、管理。而且支持高雷击设计，确保安防专用。

每个弱电配线间设置百兆/千兆交换机，即接入交换机往上通过千兆多模光纤与核心层交换机连接，往下通过超五类双绞线延伸至各个监控点位。各弱电配线间内，接入交换机多于一台的配线间，以级联或者堆叠方式进行连接管理。

2.2 系统设计

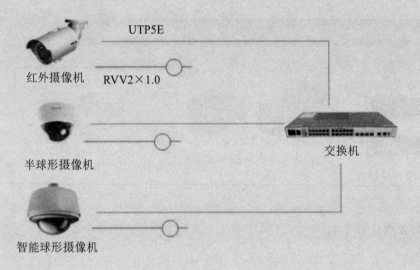

3. 监控中心系统

监控中心是整个视频监控系统的核心，实现视频图像资源的汇聚，并对视频图像资源进行统一管理和调度。其中，NVR实现视频图像资源的存储及调用，并且通过N+1备份模式，确保录像资源的可靠稳定；综合安防管理平台完成视频解码上墙，同时其在硬件层面支撑管理平台，并通过网络键盘进行视频切换和控制，通过监视器对高清视频进行精彩展现。

小区监控中心位于一层，监控中心建设内容具体包括高清视频存储子系统、视频解码上墙子系统、大屏显示子系统、综合安防平台管理软件等，本项目主要介绍存储子系统、解码上墙子系统和电视墙显示子系统。监控中心设置客户端，能通过客户端看到小区内的监控实时视频、录像回放，物业或值班人员办公室可通过桌面分控多媒体视讯终端实时查看小区内的实时视频，便于发生意外事件时的应急指挥调度。

3.1 图像存储系统

3.1.1 系统概述

存储系统是监控系统的重要组成部分，在安全监视控制系统中，当发生警情时，只靠浏览实时画面来分析和处理突发事件还远远不够，因此需要设计一套存储系统，将发生的过程记录下来，以便事后进行分析、处理，以及对事故责任的鉴定。视频录像数据的重要性毋庸置疑，同时监控系统都是7×24h服务，要求视频数据随时存储和调用，因此监控系统对存储的可靠性、稳定个性和可扩容性等方面有很高的要求。

3.1.1.1 监控视频存储的特点

海量存储数据，高性能要求，成本性价比高。安防监控行业的存储系统，由于容量大，总体价格成本很高，因此对单位容量成本很敏感。通常情况下，选择投资适中，但专业针对视频数据存储进行优化的产品，才是最合理的；对于磁盘介质，采用监控级或企业级SATA硬盘。

3.1.1.2 存储容量

考虑到项目管理的需要，应采用24h录像，存储时间为30天，视频监控图像存储清晰度与摄像机采集分辨率一致，即高清分别为1920×1080、1280×960进行录像保存。

3.1.2 系统设计

本项目监控系统所有监控前端通过监控中心存储设备进行存储，选用网络硬盘录像机进行录像存储，根据前端数量和需要存储的天数选择合适的NVR和硬盘容量。

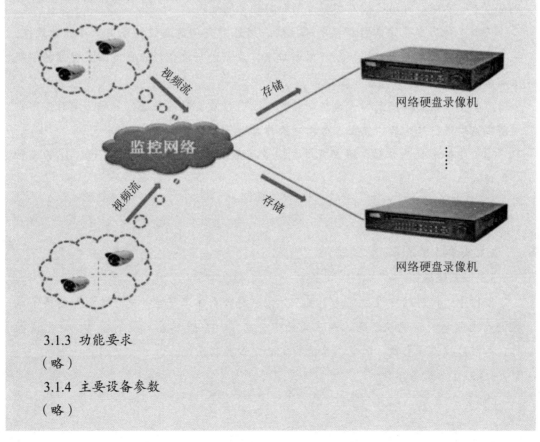

3.1.3 功能要求

（略）

3.1.4 主要设备参数

（略）

3.2 高清解码上墙系统

3.2.1 系统概述

本项目选择的高清解码器专为高清网络监控系统而设计的万能解码器，采用嵌入式Linux操作系统，比PC架构系统更加稳定可靠，相比标清、短距离模拟信号终端显示方案，全硬件架构，可脱离软件平台单独使用。

3.2.2 功能要求

单台解码器支持1080P/960P高清解码输出；具有码流自适应调节功能，在进行单画面解码显示时，自动进行前端摄像机主码流高清显示，保证图像清晰度；在进行多画面解码显示时，自动进行前端高清摄像机辅码流解码，保障多画面解码条件及同等画质下尽可能少地占用系统网络带宽资源。

具有功能菜单，监控中心人员在综合管理平台客户端界面上无需进行复杂操作，直接调用任意一路图像到任意一块显示大屏上；配合VGA视频切换矩阵，可进一步实现图像拼接和控制，还可直接采用有线或无线鼠标在电视墙上进行图像切换和球机控制。

（1）支持实时视频解码上墙。用户可以用鼠标直接拖拽树形资源上的监控点到解码窗口中，立刻进行该监控点实时视频的解码上墙处理。

（2）支持历史录像回放视频解码上墙。用户可查询前端设备或中心存储的录像，并将播放的录像视频直接拖拽到解码窗口中，立刻进行该监控点当前回放视频的解码上墙功能。

（3）支持动态解码上墙云台控制功能。在监控点实时视频进行解码上墙时，用户对解码窗口进行选中后，点击云台控制操作盘进行云台控制操作。

（4）支持多画面分割。解码窗口支持多画面分割，能够支持1、4、9、16等多种分割模式。

3.2.3 主要设备参数

（略）

3.3 大屏幕显示系统

3.3.1 系统概述

监控中心机房的建设原则是美观、大方、符合人体工程学，充分体现智能楼宇监控的人文气息。系统控制的原则应是简单、易学，系统配置与控制分离，避免误操作，尽可能建设一套操作简单、系统稳定的中心控制系统。

3.3.2 主要设备参数

（略）

四、高空抛物监测预警

高空抛物状况被称作"悬在大城市空中的痛",在一些情况下,它比乱丢垃圾更严重。高空抛物现象严重影响居民的生活环境甚至生命安全。

高空抛物大致分成两大类:一是"潜意识"高空坠物,主要是建筑外墙附着物、广告牌等陡然掉落,或是住宅楼上窗户玻璃、盆栽植物等坠落;二是"有目的"高空抛物,即高层住户随手丢弃物品。

> **小提示**　高空抛物很有可能涉及违法犯罪,在于高空抛物者的主观性故意水平,及其导致的具体危害。

对于"潜意识"高空坠物,这类状况多因为设备年久,或外力作用不小心而为之。传统式防护措施是物业管理进到居民家里对窗户开展逐一清查。可是,因为窗户归属于居民合法财产,物业管理无法干预过多,执行难度系数大,更何况许多住宅小区根本就没有健全的物业管理。传统式的安防监控系统也是靠人力资源后台管理鉴别,难以保证风险性预测分析,它是传统式智能安防中的潜在性风险性之一。

伴随着人工智能技术算率及优化算法的高速发展趋势,高空抛物智能监测系统选用AI视觉神经互联网的剖析优化算法,依据"潜意识"跌落物会出现跌落的发展趋势,以跌落物为运动连接点,运用超清智能摄录,根据后台管理数据分析测算,进而分辨出跌落物的轨迹,系统软件设置的变量值,鉴别出跌落物的运动轨迹,并根据后台管理预警信息,进而做到防护和提早预测的目的。

对于"有目的"的高空抛物,高空抛物监测预警系统中所有摄像头24h进行监控,物业的相关负责人可以和系统设备进行绑定,在摄像机的侦测区域内,一旦发生高空抛物,可对已绑定的工作人员发出通知告警。相关人员就可对该事件进行处理,同时进行取证留存,便于事件处理。另外,可提供接口,供执法部门进行数据调用。如图3-6所示。

比如,系统根据AI算法,智能且精准地计算出抛物地点,并且能主动抓拍检测、自动现场取证,集中展示和实时预警,在此基础上形成"公安-社区-物

图3-6　对小区内高空抛物进行监测

管"三方联动机制。高清抓拍系统能清楚地记录抛物点和抛物,即使没有人员伤害也能在后台了解到谁有这种不良习惯,方便上门规劝教育,主动减少高空抛物现象的发生。

第三节 入侵报警系统

一、何谓入侵报警系统

入侵报警系统Intruder Alarm System(IAS)是指利用传感器技术和电子信息技术探测并指示非法进入或试图非法进入设防区域的行为、处理报警信息、发出报警信息的电子系统或网络。

入侵报警系统就是用探测器对建筑内外重要地点和区域进行布防。它可以及时探测非法入侵,并且在探测到有非法入侵时,及时向有关人员示警。

比如,门磁开关、玻璃破碎报警器等可有效探测外来的入侵,红外探测器可感知人员在楼内的活动等。一旦发生入侵行为,能及时记录入侵的时间、地点,同时通过报警设备发出报警信号。

二、入侵报警系统的基本组成

防侵入报警系统负责为建筑物内外各个点、线、面和区域提供巡查报警服务,它通常由前端设备(包括探测器和紧急报警装置)、传输设备、处理/控制/管理设备(报警控制主机)和显示/记录设备(输出设备)构成,如图3-7所示。

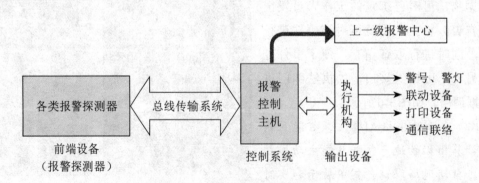

图3-7 入侵报警系统的基本组成

前端探测部分由各种探测器组成，是入侵报警系统的"触觉"部分，相当于人的眼睛、鼻子、耳朵、皮肤等，感知现场的温度、湿度、气味、能量等各种物理量的变化，并将其按照一定的规律转换成适于传输的电信号。

操作控制部分主要是报警控制器。

监控中心负责接收、处理各子系统发来的报警信息和状态信息等，并将处理后的报警信息、监控指令分别发往报警接收中心和相关子系统。

三、入侵报警系统的主要设备

1.集中报警控制器

通常设置在安全保卫值勤人员工作的地方，安保人员可以通过该设备对保安区域内各位置的报警控制器的工作情况进行集中监视。通常该设备与计算机相连，可随时监控各子系统的工作状态。

2.报警控制器

通常安装在各单元大门内附近的墙上，以方便有控制权的人在出入单元时进行设防（包括全布防和半布防）和撤防的设置。

3.门磁开关

安装在重要单元的大门、阳台门和窗户上。当有人破坏单元的大门或窗户时，门磁开关将立即将这些动作信号传输给报警控制器进行报警。

4.玻璃破碎探测器

主要用于周界防护，安装在窗户和玻璃门附近的墙上或天花板上。当窗户或阳台门的玻璃被打破时，玻璃破碎探测器探测到玻璃破碎的声音后即将探测到的信号给报警控制器进行报警。

5.红外探测器和红外/微波双鉴器

用于区域防护，当有人非法侵入后，红外探测器通过探测到人体的温度来确定有人非法侵入，红外/微波双鉴器探测到人体的温度和移动来确定有人非法侵入，并将探测到的信号传输给报警控制器进行报警。

四、入侵报警系统的主要功能

1.探测

入侵报警系统应对下列可能的入侵行为进行准确、实时的探测并产生报警状态。

（1）打开门、窗、空调百叶窗等。

（2）用暴力通过门、窗、天花板、墙及其他建筑结构。

（3）破碎玻璃。

（4）在建筑物内部移动。

（5）接触或接近保险柜或重要物品。

（6）紧急报警装置的触发。

当一个或多个设防区域产生报警时，入侵报警系统的响应时间应符合下列要求。

（1）分线制入侵报警系统：不大于2s。

（2）无线和总线制入侵报警系统的任一个防区首次报警：不大于3s。

（3）其他防区后续报警：不大于2s。

2. 指示

入侵报警系统应能对下列状态的事件来源和发生的时间给出指示。

（1）正常状态。

（2）学习状态。

（3）入侵行为产生的报警状态。

（4）防拆报警状态。

（5）故障状态。

（6）主电源掉电、备用电源欠压。

（7）协调警戒（布防）/解除警戒（撤防）状态。

（8）传输信息失败。

3. 控制

入侵报警系统应能对下列功能进行编程设置。

（1）瞬时防区和延时防区。

（2）全部或部分探测回路设备警戒（布防）与解除警戒（撤防）。

（3）向远程中心传输信息或取消。

（4）向辅助装置发出信号。

（5）系统试验应在系统的正常运转受到最小中断的情况下进行。

4. 传输

（1）报警信号的传输可采用有线和/或无线传输方式。

（2）报警传输系统应具有自检、巡检功能。

（3）入侵报警系统应有与远程中心进行有线和/或无线通信的接口，并能对通信线路故障进行监控。

（4）报警信号传输系统的技术要求应符合《报警系统第5部分：报警传输系统的要求》（IEC 60839-5）。

（5）报警传输系统串行数据接口的信息格式和协议，应符合《报警系统第7-2部分：报警传输系统中串行数据接口用报文格式和协议公共应用层协议》（IEC 60839-7）的要求。

五、入侵报警点的设置部署

前端报警探测器的点位分布直接影响着管辖区域的安全，不同于视频监控设备，报警产品在安防系统中起着前期防范的作用，目的就是为了防止意外情况的发生，以便在第一时间使相关的人员获知意外情况并采取相应的措施，从而达到安全防范的目的。因此，报警探测器点位的部署可参考如表3-1所示的方案。

表3-1 入侵报警点的设置部署

所属区域	报警点位	报警需求
第一道防线区域	区域周界	主要防范外来人员的翻墙入侵、越界出逃，可用红外对射或电子光栅防范，红外对射光束数量和距离根据实际情况来定
	大厅出入口	主要防范进出大厅的人员，一般情况下使用的是玻璃材质的幕墙、大门，可配置门磁开关和玻璃破碎探测器
第二道防线区域	建筑物对外出入口	主要防范进出建筑物的人员，可配置红外幕帘探测器和门磁开关，如有玻璃门窗，可配置玻璃破碎探测器
	单元楼层顶部	主要防范来自楼层顶部入侵的人员，按功能强弱可选择激光探测器或者双鉴探测器来防范
第三道防线区域	电梯	主要用于被困人员的紧急求救，一般配置紧急按钮
	一二层住户门窗、阳台	主要防范低层住户的室外人员入侵，一般配置幕帘探测器和玻璃破碎探测器
	室内通道	主要防范室内楼道等固定环境的人员入侵，可配置吸顶式三鉴探测器或双鉴探测器，同时在通道汇聚点需配置烟感探测器，用以防止火灾等突发情况
第三道防线区域	监控中心	主要防范监控中心的人员入侵，一般配置吸顶式三鉴探测器或双鉴探测器，并配有紧急按钮，用以紧急情况下的手动报警，同时辅以声光警号等发出警示

续表

所属区域	报警点位	报警需求
第三道防线区域	地下停车库	主要应对突发情况（火灾等）的报警，可配置烟感探测器和紧急按钮
	室内区域	主要监控办公室、库房等室内重点区域，一般采用吸顶探测器和幕帘探测器，并辅以烟感和紧急按钮等作为紧急报警
	住户厨房	主要应对住户家庭的煤气泄漏等意外事件，一般配置专业的煤气（CO）探测器
	楼梯前室/楼梯	主要针对火灾等突发事件，一般配置烟感探测器等来防范

第四节 门禁管理系统

一、何谓门禁管理系统

门禁管理系统就是对出入口通道进行管制的系统，管理什么人、什么时间可以进出哪些门，并提供事后的查询报表等。它是新型现代化安全管理系统，集微机自动识别技术和现代安全管理措施为一体，涉及电子、机械、光学、计算机技术、通信技术、生物技术等诸多新技术，是解决重要部门出入口实现安全防范管理的有效措施。

二、门禁管理系统应满足的功能

门禁管理系统的实施将有效保障物业服务企业管辖区域内的人、财、物的安全以及内部工作人员免受不必要的打扰，为用户建立一个安全、高效、舒适、方便的环境。

具体来说，门禁管理系统应能满足如下功能。

（1）对已授权的人员、持有有效卡片的人员，允许其进入。

（2）对于未授权人员，拒绝其入内。

（3）对某段时间内，人员的出入状况、停留时间等资料进行实时统计、查询和打印输出。

（4）控制出入口的启闭。

小区进口处安装的控制系统如图3-8所示。

图3-8 小区进口处安装的控制系统

三、门禁管理系统构成模式

门禁管理系统构成，按不同的分类标准，可分为不同的模式。

1.按照硬件的构成模式划分

按照硬件的构成模式划分，可分为一体型和分体型。

（1）一体型门禁管理系统的各个组成部分通过内部连接、组合或集成在一起，实现出入口控制的所有功能。

（2）分体型门禁管理系统的各个组成部分，在结构上有分开的部分，也有通过不同方式组合的部分。分开部分与组合部分之间通过电子、机电等手段连成一个系统，实现出入口控制的所有功能。

2.按照管理/控制方式划分

按照管理/控制方式来划分，可分为独立控制型、联网控制型和数据载体传输控制型。

（1）独立控制型门禁管理系统，其管理、控制部分的全部显示、编程、管理、控制等功能均在一个设备（出入口控制器）内完成。

（2）联网控制型门禁管理系统中，显示和编程功能则由另外的设备完成。设备之间的数据传输通过有线及无线数据通道和网络设备实现。

（3）数据载体传输控制型门禁管理系统与联网型门禁管理系统的区别仅在于数据传输的方式不同。其设备之间的数据传输通过对可移动的、可读写的数据载体的输入、导出操作来完成。

3.按联网模式划分

门禁管理系统按联网模式划分可分为总线制、环线制、单级网、多级网。

（1）总线制门禁管理系统的现场控制设备通过联网数据总线与出入口管理中心的显示、编程设备相连，每条总线在出入口管理中心只有一个网络接口。

（2）环线制门禁管理系统的现场控制设备通过联网数据总线与出入口管理中心的显示、编程设备相连，每条总线在出入口管理中心有两个网络接口，当总线有一处发生断线故障时，系统仍能正常工作，并可探测到故障的地点。

（3）单级网门禁管理系统的现场控制设备与出入口管理中心的显示、编程设备的连接采用单一联网结构。

（4）多级网门禁管理系统的现场控制设备与出入口管理中心的显示、编程设备的连接采用两级以上串联的联网结构，且相邻两级网络采用不同的网络协议。

四、门禁管理系统的构成

门禁管理系统主要由识读、传输、管理/控制和执行部分以及相应的系统软件组成。

1. 出入口识读部分

出入口目标识读部分,是通过提取出入目标身份等信息,将其转换为一定的数据格式传递给出入口管理子系统;出入口管理子系统再与所载有的资料对比,确认同一性,核实目标的身份,以便进行各种控制处理。

对人员目标,分为生物特征识别系统、人员编码识别系统两类;对物品目标,分为物品特征识别系统、物品编码识别系统两类,如图3-9所示。

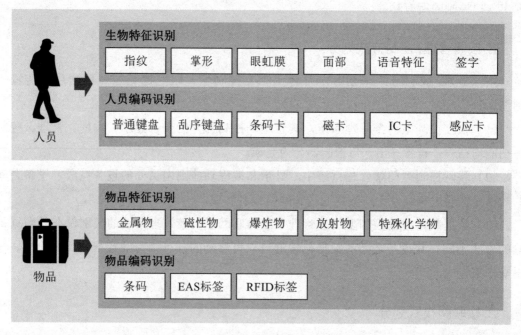

图3-9 目标识读

2. 出入口管理/控制部分的主要功能

出入口管理子系统是门禁管理系统的管理与控制中心,其具体功能如下:

(1)门禁管理系统人机界面。

(2)负责接收从出入口识别装置发来的目标身份等信息。

(3)指挥、驱动出入口控制执行机构的动作。

(4)出入目标的授权管理(对目标的出入行为能力进行设定),如出入目标的访问级别、出入目标某时可出入某个出入口、出入目标可出入的次数等。

(5)出入目标的出入行为鉴别及核准。把从识别子系统传来的信息与预先存储、设定的信息进行比较、判断，对符合出入授权的出入行为予以放行。

（6）出入事件、操作事件、报警事件等的记录、存储及报表的生成。事件通常采用4W的格式，即When（什么时间）、Who（谁）、Where（什么地方）、What（干什么）。

（7）系统操作员的授权管理。设定操作员级别管理，使不同级别的操作员对系统有不同的操作能力，还有操作员登录核准管理等。

（8）出入口控制方式的设定及系统维护。单/多识别方式选择，输出控制信号设定等。

（9）出入口的非法侵入、系统故障的报警处理。

（10）扩展的管理功能及与其他控制和管理系统的连接，如考勤、巡更等功能，与入侵报警、视频监控、消防等系统的联动。

3.出入口控制执行部分的主要功能

出入口控制执行机构接收从出入口管理子系统发来的控制命令，在出入口做出相应的动作，实现门禁管理系统的拒绝与放行操作，分为闭锁设备、阻挡设备及出入准许指示装置设备三种表现形式。

比如，电控锁、挡车器、报警指示装置等被控设备，以及电动门等控制对象。

五、识读器的分类及特点

门禁管理系统控制的目标是人群，属于安全防范系统，识读器用于鉴别人员是否有权进出，识读器采集输入数据，与保存在控制器或服务器中的数据进行比对，数据一致则放行。常用的识读器有以下几种。

1.密码型

密码型也就是密码识别，通过检验输入密码是否正确来识别人员的进出权限。这类产品又分两类：一类是普通键盘型；另一类是乱序键盘型。主要特点是设备简单，使用方便，无需携带卡片，成本低。缺点是密码组数不能太多，密码容易泄露，安全性很差；一般人员无进出记录。

2.刷卡型

根据卡的种类又分为接触卡门禁系统和非接触卡门禁系统。接触卡门禁系统由于接触的卡片容易磨损，使用次数不多，卡片容易损坏等，使用的范围已经越来越少了，只在和银行卡有关的场合被使用。非接触IC卡，由于其耐用性好、读取速度快、安全性高等优势，是当前门禁系统的主流。

3. NFC型

近场通信技术（NFC）是由非接触式射频识别技术（RFID）及互连通技术整合演进而来的，NFC设备是在单一芯片上结合感应式读卡器、感应式卡片和点对点的功能，能在短距离内与兼容设备进行识别和数据交换。工作距离在10cm以内，工作频率为13.56MHz，目前智能手机基本都具有NFC功能。

NFC有三种工作模式：卡模拟模式（Cardemulation）、点对点模式（P2Pmode）、读卡器模式（Reader / Writermode）；NFC技术应用于出入口管理系统就是用卡模拟模式，这个模式其实就是相当于一张采用RFID技术的IC卡，用户只需在门禁读卡器前出示具有NFC功能的智能手机即可开门。该模式下，即使是在手机没有电的情况下也能实现刷卡开门。

4. 生物识别型

生物识别技术有指纹、虹膜、脸形、掌形、静脉和DNA等多种形式，由于指纹识别具有系统成本低、使用方便等优势，指纹识别成了目前应用最为广泛的识别技术，几乎成为生物特征识别的代名词。另外，人脸识别技术现阶段也发展得非常迅猛，在智慧物业中主要应用指纹识别和人脸识别。

（1）指纹识别。指纹是指人的手指末端正面皮肤上凸凹不平产生的纹线。纹线有规律地排列形成不同的纹型。纹线的起点、终点、结合点和分叉点，称为指纹的细节特征点。

指纹识别即指通过比较不同指纹的细节特征点来进行自动识别地（图3-10）。由于每个人的指纹都不同，同一人的十指之间的指纹也有明显区别，并且指纹保持终身不变，因此指纹可用于身份的自动识别。

图3-10 指纹识别门禁

指纹识别具有使用方便、识别速度快、价格低等特点，指纹采集头的小型化，为指纹识别的集成化带来了便利，开辟了广阔的应用市场。同时指纹识别也存在一些问题：如某些人或某些群体的指纹特征少，难成像；在指纹采集头上留下用户的指纹印痕，而这些指纹痕迹有被用来复制指纹的可能性，存在安全性的问题。

> **小提示**
>
> 由于指纹采集头的小型化，指纹识别技术集成到智慧物业的可视对讲系统单元门口机中，可方便业主进出门使用。

（2）人脸识别。人脸识别是利用分析、比较脸部器官的形状和位置特征信息来进行身份鉴别的计算机应用技术，它属于生物特征识别技术（图3-11）。

图3-11　人脸识别门禁

人脸识别的主要流程是：人脸图像采集及检测、人脸图像预处理、人脸图像特征提取以及匹配与识别。与其他身份识别方法相比，人脸识别具有非接触性、非强制性、并发性等特点，因而人脸识别技术有重要的应用价值。在智慧物业的应用中，一般与其他识别方式结合使用，比如集成在可视对讲单元门口机中。

5. 其他识读

近年来，我国推行"互联网+"的国家战略，智慧社区建设方兴未艾，移动互联网技术的发展催生了新兴的识别技术。

（1）手机APP识别。在智能手机中安装有门禁开锁APP，点击相应的门禁图标可以开锁。手机APP识别实际是识别手机的MAC码，机主身份信息与手机绑定，来实现身份确认（图3-12）。智能手机通过Wi-Fi或移动网络访问云平台服务器交换数据、确认身份，可以实现本地开门、远程开门，因此也被称为"云门禁"。

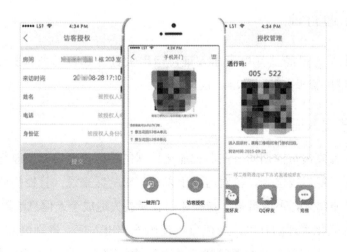

图3-12　APP门禁

> **小提示**
>
> 在社区中推广使用的社区服务APP，社区O2O中为了增加用户的黏度，大多绑定门禁开锁功能。

（2）二维码识别。手机APP识别一般用于业主或固定客户，不适用于访客的身份识别，因此产生了手机二维码识别技术。用户的智能手机可以生成二维码，通过微信等社交工具发送给访客，访客在出入口门禁处刷收到的二维码可以开门放行（图3-13）。该二维码可以设为按时限使用或按次使用，过期作废，可以提高系统的安全性。

图3-13 二维码识别门禁

门禁管理系统的识读器种类很多，新兴的识读方式也层出不穷，物业服务企业应用时可以根据项目实际情况选择一种或多种识读技术复合使用，合理地选择识读方式可以提高系统的性价比，用户使用更安全、方便。

六、电子通行证

目前，不少城市已经试行电子出入证，运用大数据和信息技术打造"无接触式生活"，实现人员进出管理高效、精准、低风险。

1. 使用电子出入证的好处

新型冠状病毒疫情防控期间，在非智能化管理的社区出入口，一般都是由物业人员、社工、党员志愿者等日夜坚守，核对居民出入证。对社区来说，管控需要投入较多人力，对居民来说，纸质出入证不便携带、易损坏、容易丢失造成个人信息泄露。

而在实行智能化管理的社区，居民可以使用电子出入证，告别纸质出入证核验和接触式体温测量，最大限度避免交叉感染，并为疫情管理决策的做出提供数据支撑。既提升小区管理水平，便民利民，又能使病毒防控更加精准高效。

具体来说，电子出入证与传统纸质出入证相比，有着明显的优势，如图3-14所示。

传统方式	对比	电子出入证
纸质通行证，印制成本高，容易丢失	形式	电子二维码通行，环保安全
人工线下发放，工作量大，有接触风险	效率	线上申请审核发放，效率高，无接触风险
政策变动需重新印制物料	灵活性	后台实时修改及变更权限
信息分散，统计难	联动	信息自动汇总，后台统计，联动健康信息
纸质或线下通知，触达效率低	触达	线上通知推送，精准触达

图3-14　电子出入证的优势

2.电子出入证的使用

2020年3月，在北京市西城区金融街街道京畿道社区中京畿道17号楼先行试点"电子通行证"，通过智能化手段做到居民进出小区精准、便捷管控（图3-15）。京畿道社区也成为西城区第一个试点电子通行证的社区。

图3-15　居民扫描二维码注册电子通行证

（1）居民获取电子通行证。只需要扫描楼门入口处张贴的二维码，居民就可以获得电子通行证。首次扫描二维码后，会出现短信验证界面，通过本人真实手机号才能完成验证注册，居民注册所用手机号必须与社区登记的手机号相匹配。

为了确保扫码人员信息的真实和准确，每位居民必须先在社区进行实名登记，给社区提供本人的真实信息，经过社区完成认证，录入系统后台后，才能顺利注册电子通行证。

（2）注册后的使用。注册成功后，此后扫描二维码将直接出现通行证界面。居民每次进入楼门前，只需要将扫描后出现的电子通行证给值守人员展示，待确认身份信息、测量体温后，即可进入，整个过程非常快速，居民进入楼内更加方便。

电子通行证避免了纸质出入证的各项弊端。由于高效快速，既减轻了社区值守人员的工作压力,提高了工作效率,也方便了居民进入楼门。

比如,为加强疫情管控期间居民小区封闭式管理,江苏省连云港市海州区新海街道引进中国移动"智慧社区管控平台",开通线上电子出入证服务,降低人员聚集、交叉感染等安全隐患,实现无接触高效通行。

居民"一户一码",不用安装APP,无需关注小程序及公众号,直接通过微信扫码认证,同时体温正常即可通行,扫码登记只需3s,大大提高了数据采集准确性和通行效率。工作人员通过扫描居民二维码,系统自动记录居民进出时间明细,从而高效甄别,进行出入管理,实现登记管理工作"无纸化"。

第五节
访客管理系统

一、何谓访客管理系统

访客管理子系统主要用于访客的信息登记、操作记录与权限管理。访客来访,需要对访客信息做登记处理,为访客指定接待人员、授予访客门禁点/电梯/出入口的通行权限、对访客在来访期间所做的操作进行记录,并提供访客预约、访客自助服务等功能。主要是为了对来访访客的信息做统一的管理,以便后期做统计或查询操作。

二、访客出入口管控制的方式

访客管理系统的主要服务对象为外来到访人员,通过系统实现对其来访及出入进行管制,主要有以下三种管制方式,具体如表3-2所示。

表3-2 访客出入口管控制的方式

序号	控制方式	具体说明
1	通过信息平台预先登记	访客可以通过信息平台进行预先登记(来访人资料、手机号码;被访人姓名、工作单位或楼层房间号),当预约经被访人确认通过后,系统会发送一个密码到来访人手机,来访人到访客机输入密码再扫描证件,信息合法后系统将分配好的"权限组"信息录入卡片,并吐卡
2	通过电话直接与被访人预约	访客通过电话直接与被访人预约,被访人通过该预约只需登录相应的信息平台,填写来访人信息(手机号码必填)并确认,系统会发送一个密码到来访人手机,来访人到访客机输入密码再扫描证件,信息合法后系统将分配好的"权限组"信息录入卡片,并吐卡

续表

序号	控制方式	具体说明
3	到保安室进行信息登记	没有提前预约的访客需先到保安室进行信息登记。由安保人员联系被访人，经被访人确认，安保人员通过扫描终端对到访人员所持身份证件进行登记，信息合法后将分配好的"权限组"信息录入卡片，交予来访人

三、访客管理系统的功能

访客管理系统主要实现以下功能。

（1）当访客提前预约来访时，系统可替代安保人员完成入门登记工作，高效准确地记录、存储来访人的相关信息，做到人员、证件两者统一，便于异常情况发生后查询。

（2）通过证件扫描仪扫描来访者身份证、护照、驾驶证等证件，实现证件自动识别，自动录入来访者资料。

（3）可选择增加第二代身份证的验证机进行身份证信息读取。

（4）可发放授权访客卡，访客卡采用统一的IC卡，可以自由设定访问权限、有效时间和最长使用时间。

（5）可以为访客管理系统的用户分配权限，权限信息包括预约权限、发卡权限、回收卡权限、修改访客资料权限、访客信息查询权限等。

（6）可以提供详细的来访者信息记录和报表，记录信息包括来访者资料、被访者姓名、进出时间等。

（7）能记录发生的报警事件信息，报警事件信息包括访客卡到期未回收、卡片过期、访客黑名单等。

（8）支持访客在访客机登记时拍照发卡功能。

来访人员进入物业服务企业管辖区域必须办理临时访客卡，访客管理系统可实现人工登记发卡，也可通过访客机进行自动发卡，访客机主要针对预约访客，加快访客办卡流程。访客通过网络或电话形式，对来访进行预约，访客管理系统对预约访客通过手机短信、电子邮件等方式远程发送访客密码，在访客机上输入访客密码可直接获取访客卡。

访客机一般设置在管辖区域出入口的保安室，具体位置可随实际管理情况灵活调整。

四、访客管理系统的设计

1.访客管理系统流程

访客管理系统流程如图3-16所示。

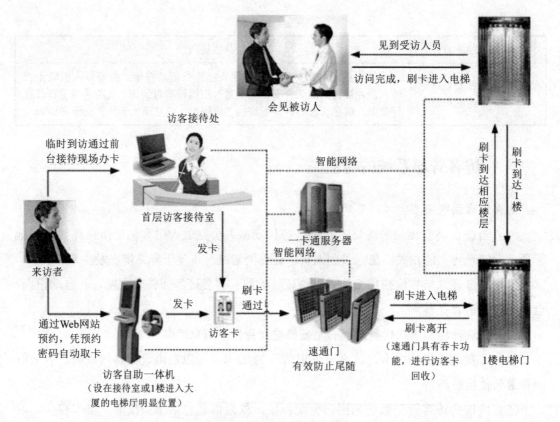

图3-16 访客管理系统流程

2.进行系统架构

访客管理系统是基于TCP/IP协议在以太网基础上开发的综合信息管理系统，共用一卡通数据库，实现数据共享，该系统管理的门禁点主要是电梯门出入口、建筑主要出入口等设备。

电梯门和建筑主要出入口门禁点使用门禁系统的控制器和读卡器，刷卡数据使用一卡通数据库和服务器。

第节

电子巡更管理系统

一、何谓电子巡更管理系统

电子巡更管理系统，是管理者考察巡更者是否在指定时间按巡更路线到达指定地点的一种手段。

电子巡更管理系统是安防中的必备系统，因为没有任何电子技防设备可以取代保安，而保安最主要的安全防范工作就是巡更。

电子巡更管理系统能够有效地对保安的巡更工作进行管理，在欧美发达国家及中国的发达地区被列为安全防范系统里的必备项目。如图3-17所示。

图3-17　安保人员扫微信签到

二、电子巡更管理系统的分类

根据数据采集方式的不同，电子巡更管理系统分为两类：在线式与离线式。两者的区别：在线式能实时记录与显示系统的信息，离线式不能及时记录与显示系统的信息。

1.在线式巡更系统

在线式巡更系统分为有线在线式巡更系统和无线在线式巡更系统两种。

（1）有线在线式巡更系统。有线在线式巡更系统是在一定的范围内进行综合布线，把巡更巡检器设置在一定的巡更巡检点上，巡更巡检人员只需携带信息钮或信息卡，按布线的范围进行巡逻，管理者只需在中央监控室就可以看到巡更巡检人员所在巡逻路线及到达的巡更巡检点的时间，如图3-18和图3-19所示。

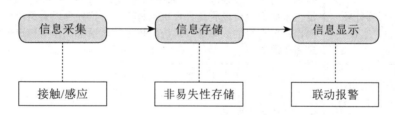

图3-18　在线式巡查系统示意

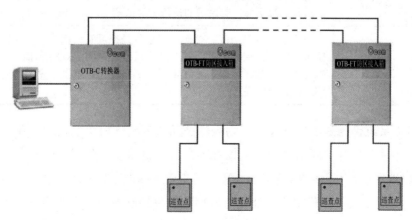

图3-19　在线式电子巡更系统框图

① 缺点。施工量大，成本高，室外安装传输线路易遭人为破坏，对于装修好的建筑再配置在线式巡更系统更显困难。也容易受温度、湿度、布线范围的影响，安装维护也比较麻烦。

② 优点。能实时管理、即时报警。

（2）无线在线式巡更系统。新一代无线在线式巡查系统，能远距离感应（2～10m）。运用RFID技术，有LPS（本地定位系统）功能，兼上述两种系统优势，是物业小区优选方案。

① 系统组成。信息钮、巡查发射器（即时无线输出，GSM模块、BP机式样）、巡查接收器（即时无线输入，RS232/USB实时输出）、软件（模拟地图、实时记录、即时报警）。

② 优点。作为在线式巡更系统，在功能上除了具备普通电缆直联在线式巡更系统的优势外，还具有如表3-3所示的五大功能。

表3-3 无线在线式巡更系统的功能

序号	功能	具体说明
1	实时报警功能	在巡更员巡更过程中发现意外情况时可以用巡更棒自带的报警按钮进行报警，有利于监控中心得到报警信号后及时出警。该功能尤其适合于规模大、巡更时间长的小区、厂区。该功能还可以根据实际需要与巡更员体温探测器等结合，使巡更途中发生意外时能得到监控中心的及时救援，保护巡更员的自身安全
2	脱机（计算机）工作	由于无线巡更系统自带大型LED电子地图输出端口以及较大内存容量，系统完全可以脱离计算机进行工作，这样可以避免由于计算机及其操作系统自身的故障导致系统死机，使该系统工作更稳定，需要的外部环境更简单
3	大型LED电子地图输出功能	无线接收器还自带32端口继电器模块，可以根据需要配置32个巡更点以内的LED电子地图，接收器还可以根据需要扩展到64个巡更点的LED电子地图显示模块
4	造价低廉	无线巡更系统的巡更点的信息钮和离线式巡更系统完全兼容，主要改变的只是巡更棒，其系统的造价相对低廉
5	工程简便	不需要埋管和布线，整个工程量就是把没有任何连线的巡更点（信息钮）固定在巡更位置上，整个过程只要确保固定点的牢靠，没有其他技术要求。工程还可以在小区（厂区）智能化系统全部完工之后进行，随到随装，简便易行

无线巡更系统因为是模块化设计，为今后产品线的延伸留下了比较简单的接口，将来可以根据小区、厂区不同的客观环境以及客户的不同需求，分别可以采用SMS（手机短信息）、GPRS（分组无线业务）、2.4G等不同的无线传输接收方式。

③ 缺点。巡更员的工作情况不能及时反馈到中央控制室。如有对讲机，可避免这个缺点。

2. 离线式巡更系统

该系统无需布线,只要将巡更巡检点安装在巡逻位置,巡逻人员手持巡更巡检器到每一个巡更巡检点采集信息后,将信息通过传输器传输给计算机,就可以显示整个巡逻巡检过程,如图3-20所示。

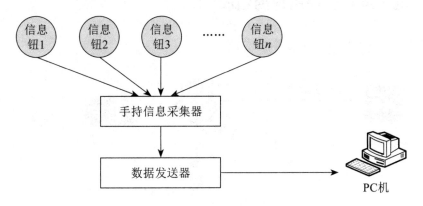

图3-20 电子巡更系统结构框图

(1)优点。安装简单,性能可靠,适用于任何场合。

(2)缺点。巡更员的工作情况不能及时反馈到中央控制室。因为信息采集不在线上,而在棒上(离线含义)。

(3)离线式分类。

① 接触式。第一代信息采集技术,早期应用较广。在巡更的线路上,安放若干个信息钮(纽扣式IC卡),巡更人员手持一个巡检器(采集棒),到了巡更点时将采集棒碰一下,纽扣式IC卡即采集到该点的巡更数据信息(图3-21)。

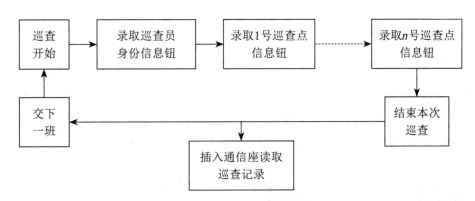

图3-21 离线式电子巡更系统工作过程

走完一遍巡更线路后,即采集了路线上所有的巡更数据,回到控制室内将采集棒插入接收器上,计算机通过接收器将巡更数据存入并检查是否符合巡更要求,同时也能由管理人员通过计算机检查巡更情况。

② 感应式。采用无线电感应系统感应信息卡或信息钮内码，无需接触即可读取。在各巡更点设置，具有唯一的ID编码，再通过巡更器在10～20cm范围内读取ID编码。这是第二代信息采集技术（占市场70%），重量轻，成本较低，但消耗大量电能。

三、电子巡更管理系统的组成

电子巡更管理系统的组成如图3-22所示。

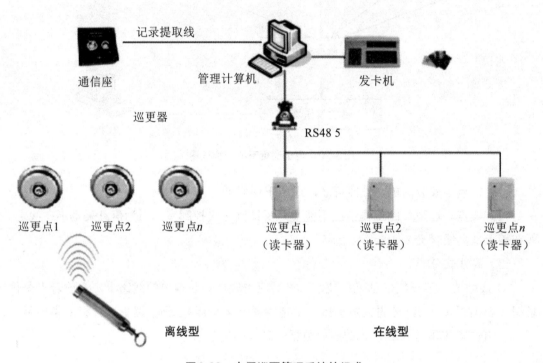

图3-22 电子巡更管理系统的组成

1.采集部分设备

网络版电子巡更管理系统中，前端设备是安装在现场的信息点，一般是安装在安保人员必须巡更经过的地方，每个安保人员配备一根巡更棒（器）（图3-23），当安保人员巡逻到相应的位置时，用手持的巡更棒读取该地方的信息点资料。

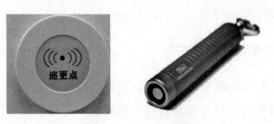

图3-23 巡更点巡更棒

2.传输系统

传输系统的任务是把现场安保人员用巡更棒（器）采集到的信息，通过本地管理中心的通信座读出，并利用网络版客户端软件将读取的信息及时上传到总公司管理中心服务器，以达到信息共享的目的。

通信座用于接触式巡更系统中，通过RS-232与计算机连接，以实现巡更棒与计算机间的通信；它采用微计算机设计，可对巡更棒内的数据进行设置、读取和清除。

3.控制系统

控制部分是整个系统的"心脏"和"大脑"，是实现整个系统功能的指挥中心，主要利用总公司控制中心的服务端管理软件，对各分工作组上传来的安保人员巡逻数据进行汇总分析处理，从而生成各种报表，以供管理人员考核。

第七节
车辆出入管理系统

一、何谓车辆出入管理系统

车辆出入管理系统采用先进技术和高度自动化的机电设备，将机械、计算机和自控设备以及智能IC卡技术有机地结合起来，通过计算机管理可实现车辆出入管理、自动存储数据等功能，实现脱机运行并提供一种高效管理服务的系统。

二、车辆出入管理系统的功能

车辆出入管理系统应实现如表3-4所示的功能。

表3-4 车辆出入管理系统的功能

序号	功能	说明
1	车辆管控	（1）固定车辆：车牌识别、远距离卡识别且比对正确，即可进场，无需任何操作 （2）贵定车辆：车牌识别或远距离卡片识别任一通过，即可进场，无需任何操作，体现尊贵身份 （3）临时车辆：停车取卡，抓拍车牌并识别，放行 （4）布控车辆：对于嫌疑车辆，系统自动在前端和中心产生报警，同时人工参与处理
2	电动挡车器软件控制	客户端或中心管理平台能够远程控制电动挡车器启闭，方便操作人员管理和特殊需要
3	图片/视频预览	过车图片和信息实时显示，视频实时预览，进出车辆自动匹配，图片预览按车道轮询

续表

序号	功能	说明
4	LED屏显示	控制主机包含语音提示系统、信息显示屏，车辆驶入、驶出可以根据客户需要提示语音，显示欢迎信息等
5	车牌自动识别功能	系统可自动对车辆牌照进行识别，包括车牌号码、车牌颜色的识别
6	车辆信息记录	（1）车辆信息包括车辆通信信息和车辆图像信息两类 （2）在车辆通过出入口时，系统能准确记录车辆通行信息，如时间、地点、方向等 （3）在车辆通过出入口时，牌照识别系统能准确拍摄包含车辆前端、车牌的图像，将图像和车辆通行信息传输给出入口控制终端，并可选择在图像中叠加车辆通行信息（如时间、地点等） （4）可提供车头图像（可包含车辆全貌），在双立柱方案下，闪光灯补光时拍摄的图像可全天候清晰辨别驾驶室内司乘人员面部特征。单立柱方案时抓拍摄像机与闪光灯安装在同一根杆子上 系统采用的抓拍摄像机，具备智能成像和控制补光功能，能够在各种复杂环境（如雨雾、强逆光、弱光照、强光照等）下和夜间拍摄出清晰的图像

三、车辆出入管理系统的组成

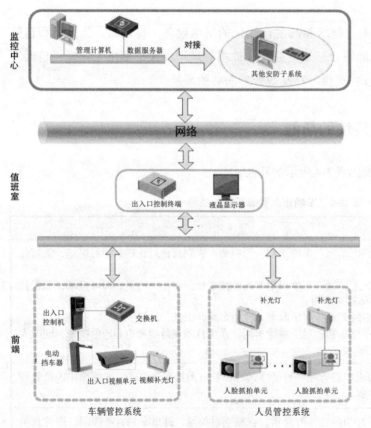

图3-24 车辆出入管理系统的组成

车辆出入管理系统主要由前端信息采集软硬件、数据处理及传输部分、数据管理中心几部分组成，如图3-24所示。

四、车辆出入管理流程

1.固定车辆进/出场流程及管理

（1）固定车辆进场流程如图3-25所示。

固定车辆进场流程的智慧管理原理为：车辆驶入停车场入口，车辆压地感线圈,触发车牌识别器抓拍图像并识别车牌号码,系统记录车牌号码、入场图像、入场时间等信息,显示屏、语音提示相关信息(如车牌号码、欢迎入场、固定车辆剩余日期等)并开启挡车器,车辆入场,闸杆自动落下,车辆进入车场内泊车。

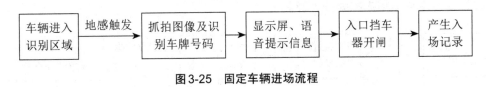

图3-25 固定车辆进场流程

(2)固定车辆出场流程如图3-26所示。

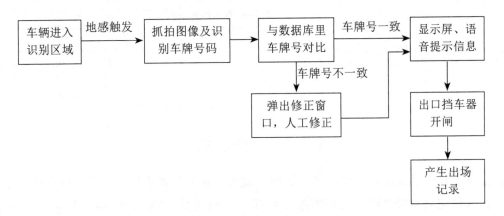

图3-26 固定车辆出场流程

固定车辆出场流程的智慧管理原理为:车辆驶到停车场出口,车辆压地感线圈,触发车牌识别器抓拍图像并识别车牌号码,系统记录车牌号码、出场抓拍图像,与入场车牌号对比,若车牌号一致,显示屏语音提示相关信息(如车牌号码、一路平安、固定车辆剩余日期、延期等)并开启挡车器,车辆出场;若车牌号不一致,系统弹出修正窗口,人工修正车牌后,显示屏语音提示相关信息(如车牌号码、一路平安、固定车辆剩余日期、延期等)并开启挡车器,车过后,闸杆自动落下,车辆通行离开停车场。

2.临时车辆进/出场流程

(1)临时车辆进场流程如图3-27所示。

图3-27 临时车辆进场流程

临时车辆入场流程管理原理为:车辆驶入停车场入口,车辆压地感线圈,触发车牌识别器抓牌图像并识别车牌号码，系统记录车牌号码、入场图像、入场时间等信息，显示屏语音提示相关信息（如车牌号码、欢迎入场等）并开启挡车器，车辆入场，闸杆自动落下，车辆进入车场内泊车。

（2）临时车辆出场流程如图3-28所示。

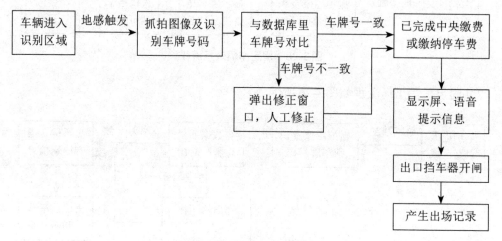

图3-28 临时车辆出场流程

临时车辆驶到停车场出口，车辆压地感线圈，触发车牌识别器抓拍图像并识别车牌号码，系统记录车牌号码、出场图像、出场时间等信息，显示屏语音提示相关信息（如车牌号码、缴费信息等）。

临时车辆不需要缴纳费用（免费）或已在中央收费处缴纳过费用，则自动开启挡车器，车辆出场，车过后，闸杆自动落下，车辆通行离开停车场。

临时车辆需要缴纳费用的，完成缴费后，手动开启挡车器，车辆出场，车过后，闸杆自动落下，车辆通行，离开停车场。

临时车辆车牌号码识别有误时，需要人工操作，完成缴费后，手动开启挡车器，车辆出场，车过后，闸杆自动落下，车辆通行，离开停车场。

第四章
智慧物业保洁管理系统

第一节
智慧物业保洁管理概述

一、何谓物业保洁管理

物业保洁管理是指物业服务企业对所管辖的区域有计划、有条理、有程序、有目标，按指定的时间、地点、人员进行日常的清洁服务，定时、定点、定人进行日常生活垃圾的分类收集、处理和清运，通过清、扫、擦、拭、抹等专业化操作，维护公共区域的清洁卫生，从而塑造良好的环境氛围。

同时，还要依照规范服务的要求对用户进行宣传教育和专业管理，使其自觉养成良好的卫生习惯，遵守规章制度，保持物业区域容貌整洁，减少疾病，促进身心健康，以提高物业区域使用环境的效益。

保洁管理是一项服务性很强的工作，不同类型、不同档次的物业对楼宇公共部位清洁管理的质量要求也不同，物业服务企业要根据自己所管辖物业的特点和实际情况制定一套对保洁管理的具体要求，通过物业管理者和使用者共同在制度上、管理上、精神上、文化上的规范努力，营造安全、舒适、整洁、优美、和谐的生活环境和工作环境。

二、保洁管理的范围

物业服务企业要做好保洁的管理工作，首先必须对物业保洁管理的范围有一个全面的了解，不同的物业，可能保洁的范围不一样，但总体而言，包括以下几个方面。

1.公共场所保洁管理

公共场所保洁管理包括以下三个方面，如表4-1所示。

表 4-1　公共场所保洁管理的范围

序号	范围	主要内容
1	室内公共场所的清洁和保养	主要是指围绕办公楼、宾馆、商场、居民住宅楼等楼宇开展的物业保洁，包括楼内大堂、楼道、大厅等地方的卫生清扫、地面清洁、地毯清洗；门、玻璃、墙裙、立柱等物品的擦拭；卫生间清扫与清洁
2	室外公共场所的清扫和维护	室外公共场所主要有道路、花坛、绿地、停车场地、建筑小品、公共健身器材等。重点应做好地面清扫、绿地维护、建筑小品维护和清洁等
3	楼宇外墙的清洁和保养	主要是指楼宇的外墙清洁和墙面的保养，以及雨篷等楼宇的附属设施维护

2.生活垃圾管理

（1）生活垃圾的收集和清运。物业公司应熟悉物业管辖范围内居住人员情况和管辖区域物业的用途，并据此来确定垃圾产生量，从而确定收集设施的规模；合理布设垃圾收集设施的位置，包括垃圾桶、垃圾袋、垃圾箱等；制订日常的清运计划和时间安排计划。

（2）装修建筑垃圾的收集和清运。随着城市居住面积大幅度增加，装修带来的建筑垃圾问题日益凸现。因为建筑垃圾产生量大、品种相对稳定、不宜降解。如果建筑垃圾混杂在普通生活垃圾中，会降低生活垃圾的热值，从而使生活垃圾难以采用焚烧处置或占用卫生填埋场地，增加了生活垃圾处理的难度。因此，对于装修产生的建筑垃圾，应要求单独收集和清运，并可采取综合利用的办法进行处置。

（3）垃圾收集设施的维护和保养。近年来，垃圾收集设施品种和规格不断增加；垃圾场中转设施更加完善；各种形状、规格的垃圾箱、果皮箱逐渐取代了传统的大型铁皮垃圾箱，因此应根据垃圾收集设施的特点，安排人员经常性地对其进行维护和保养。

3.公共场所卫生防疫管理

（1）公共场所传染病控制。公共场所包括旅店、文化娱乐场所、公共浴池、图书馆、博物馆、医院候诊室、公交汽车、火车等。就目前物业管理范围而言，重点涉及的是宾馆、商场、办公楼等公共场所的消毒问题。

（2）公共场所杀虫、灭鼠。公共场所有许多病媒昆虫、动物，它们容易在人群居住地区传播疾病，尤其是苍蝇、老鼠、蚊子、臭虫"四害"以及蟑螂、蚂蚁等。

三、保洁管理的意义

物业保洁管理是物业管理中一项经常性的管理服务工作，其目的是净化环境，给用户提供一个卫生、健康、舒适、优美的工作和生活环境。良好的环境卫生不但可以保持物业区域容貌的整洁和环境的优雅，而且对于减少疾病、促进身心健康十分有益。同时，它也是文明社区建设的一个重要方面，是体现物业管理水平的重要标志，是延长设备建筑物寿命的主要手段，从而达到物业保值升值的目的。可见，保洁工作是物业管理工作当中不可分割的重要组成部分。

四、传统物业保洁痛点

传统物业保洁的痛点如图4-1所示。

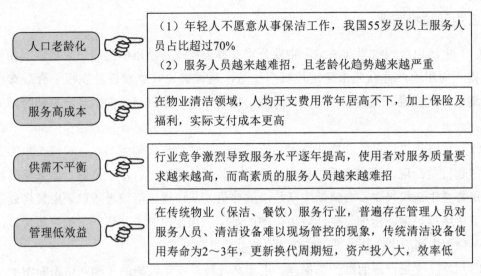

图4-1 传统物业保洁的痛点

五、保洁管理的目标

物业保洁管理的实质，就是要遵循社会经济发展规律和自然规律，采取有效的手段来影响和限制物业业主、使用人和受益人的行为，以使其活动与保洁质量达到较佳的平衡，从而创造优美舒适的环境，确保物业经济价值的实现，最终达到物业经济效益、社会效益和保洁效益的统一。按照这个总目标，物业保洁管理的具体目标，主要有如图4-2所示的三个方面。

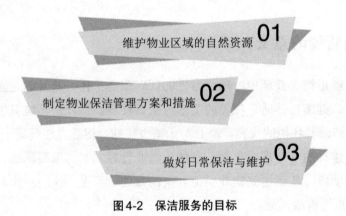

图4-2 保洁服务的目标

1.维护物业区域的自然资源

合理开发和利用物业管理的自然资源，维护物业区域的生态平衡，防止物业区域的自然保洁和社会保洁受到破坏及污染，使之更好地适合于人类劳动、生活和自然界生物的生存及发展。

要达到这一目标,就必须把物业保洁的管理与治理有机地结合起来,也就是合理利用资源,防止保洁污染;在产生保洁污染后,做好综合治理的补救性工作。这是防止保洁污染和生态破坏的两个重要方面。

在实际工作中,物业服务企业更应该注意以防为主,把保洁管理放在首位,通过管理促进治理,为物业业主、使用人、受益人创造一个有利于进行生产和生活的优良保洁环境,一个既能保证技术的合理发展,又能防止污染的健康、舒适、优美的物业保洁,以达到物业的经济效益、社会效益和保洁效益的统一。

2.制定物业保洁管理方案和措施

有效贯彻国家关于物业保洁保护的政策、法规、条例、规划等,具体制定物业保洁管理的方案和措施,选择切实可行的能够保护和改善物业保洁的途径,正确处理好社会和经济可持续发展与保洁保护的关系。

对于不同的物业区域,其保洁的要求或标准有所不同,有的物业在某些方面要求高一些,有的要求则会低一些,这就需要物业服务企业根据物业的不同和物业区域的不同,客观地拟定所管物业的环保标准与规范。同时,物业服务企业还应组织有关部门定时进行物业保洁监测,掌握所管物业区域的保洁状况和发展趋势。有条件的还应该会同有关部门开展对所管物业区域的保洁问题进行科学研究。

3.做好日常保洁与维护

建立物业保洁的日常管理机构,做好物业保洁的日常管理工作,如物业区域内的卫生保洁、绿化、治安、消防、车辆交通等方面的维护和监督工作,使物业区域内的保洁经常得到净化、美化、绿化,保证正常的工作和生活秩序。

【案例】▶▶

万洁物业公司针对××项目制定的管理目标

1.服务理念

根据本项目的特点,公司运用智能清洁与人工结合服务模式,达到高效服务、标准服务。除了提供干净整洁的办公作业环境外,同时要求所有服务人员必须实现与物流园区文化的有机融合,成为其中的一分子,从其一个浅浅的微笑,到一个善解人意的动作,都是服务的标准。

本公司针对现场服务要求进行分析,从而制定如下项目整体管理目标。

（1）管理链条无缝隙覆盖——管理资源共享。

不断提升服务品质的资源优势，将服务项目的服务品质控制纳入公司整体监督和运作中，不仅接受统一的服务品质约束和监督，更加能够享受到整个公司的优秀管理资源，实际上也等于借本公司整体之力提升贵单位的管理与服务，实现本公司管理链条无缝隙覆盖。

（2）打造物业管理服务项目一流的"软环境"。

"软环境"是指办公场所的整体精神和风貌。本公司在全面接管贵单位物业管理服务期间，创造公共建筑设施系统服务一流的优秀硬件环境，因服务所承担的环境是贵单位建设的物质载体，它与文化建设密不可分。因此，本公司倡导以人为本的价值观念，通过管理服务人员的点点滴滴渗透于每一个细节，以"智慧物业打造全新服务"为宗旨，来提高服务标准及达到目标。

（3）融入后勤服务体系。

在全面提供物业服务期间，不仅要高标准、高品质地做好管理和服务工作，而且应着力配合并协助各职能部门做好工作。

（4）科技智能与服务相结合。

投入使用公司独有的智能保洁设备，达到智能清洁与人工结合的服务模式，更好地为业主提供物业服务。根据将投入的智能科技清洁设备，可根据不同区域投入不同型号设备，使清洗地面后立刻达到干爽的强大效果，彻底摆脱地面脏、湿、滑的烦恼；同时投入安防系统，全方位、24h不间断进行监控及巡逻，保障园区财产安全。

（5）培育高素质的员工队伍。

在员工队伍管理上，除了引进具有较高专业技能、较好综合素质和较强服务意识的员工外，同时本公司每年都会针对不同岗位的人员分别制订出详细的培训计划，要求大家都要做到一专多能，作为做好服务工作的重要前提。

（6）设立服务中心。

本公司采用"一站式"服务的方法，设立服务接待中心，公示24h服务电话，负责接受日常故障报修、投诉、求助以及建议和咨询等，及时处理并做好相关记录，只需打一个热线服务电话，所有的管理服务中的问题均可在承诺的时间内得到处理。

2.服务目标

（1）智慧物业，灵动科技。

通过智能设备与服务人员相结合的方式，对服务队伍进行系统的培训，以此提高服务技能，并运用多年积累的服务经验，做到以客户至上，服务第一为宗旨。

（2）专业管理，国际认证。

根据国家及行业的需求，按照ISO 9001国际质量管理体系、职业健康安全管理体系、环境管理体系，融合专业化的规章制度，全面推行高水平的服务。

3.目标管理

（1）客户管理。

项目	管理目标
成本控制	经营指标完成率达98%以上
客户投诉处理	实时处理，书面投诉0.5天内回复，投诉回访率100%
客户意见调查	每年4次，每次满意率达95%以上

（2）质量管理。

项目	管理目标
制订详细的清洁检查计划	按计划执行
处理物业投诉	实时处理，事后纪录，每周检讨
查考物业服务工作	每月与管理部门召开例会一次，达到监察与改善目的

（3）人事管理。

项目	管理目标
员工培训	按年度计划进行
稳定员工队伍	争取全体员工流动率每年不超过25%
客户意见调查	整体满意率达95%以上
合规	管理人员持证上岗达100%
合规	技术人员持证上岗达100%
人员出勤率高而稳定	平均每月不少于98%

（4）公共清洁保洁率。

公司内控标准	99%
承诺指标	99%
测定依据	清洁保洁达标面积/清洁保洁总面积×100%×99%
保证措施	（1）配备完善的垃圾收集及处理设施，加强宣传教育，提高保洁意识，并按要求做好清洁工作 （2）垃圾日产日清，封闭转运，杜绝二次污染，实施垃圾分类处理 （3）每日巡视检查清洁保洁情况，发现问题立即处理 （4）提倡"全员保洁，人过地净"

（5）年有效投诉率。

公司内控标准	<5‰
承诺指标	<2‰
测定依据	有效投诉次数×100%<2‰
保证措施	（1）不断培养和树立员工的服务意识，提供优质的服务，使员工追求业主百分之百的满意 （2）保持业主和公司之间沟通渠道的畅通，设立投诉电话和投诉信箱，不断超越业主的服务需求，及时改进工作中存在的问题和缺点

（6）投诉处理率。

公司内控标准	>95%
承诺指标	>98%
测定依据	处理有效投诉次数/有效投诉总次数×100%>98%
保证措施	（1）实行24h值班，接受业主的各类投诉。值班员做好投诉记录，并根据投诉内容传递至相关责任部门 （2）各责任部门接到投诉后应立即采取补救措施，并在预定时间内向业主回复。暂时无法解决的问题应制订解决的计划并向业主进行解释 （3）投诉处理率作为部门及员工个人每月工作考核的重要指标直接与工资挂钩

（7）综合服务满意率。

公司内控标准	>95%
承诺指标	>95%
测定依据	满意项/服务项（数量）×100%>95%
保证措施	（1）实行开放管理，向业主公开服务内容和服务质量标准，使物业管理工作始终处于业主监督之中 （2）设立征询意见箱和投诉受理电话。每半年做一次业主满意率调查，由主任主持，对调查结果及业主反馈意见进行分析，及时调整和改进管理服务方案。对不合格项提出纠正和预防措施，并将实施结果直接向业主公布 （3）通过每季度召开一次质量分析会，每半年组织一次内部质量审核，每年开展一次管理评审等活动，不断改进和完善质量保证体系，确保业主满意

（8）管理人员培训合格率。

公司内控标准	≥98%
承诺指标	≥98%
测定依据	管理人员培训合格人数/管理人员总数×100%≥98%
保证措施	（1）建立严格的培训制度并制订详细的培训计划，配备专职培训员以及先进的培训设施 （2）入职培训、岗位技能培训、素质提高培训和理论政策培训相结合，采用先进的培训方式确保培训效果 （3）强调理论与实践相结合，培训与考核相结合，采取有针对性的"啄木鸟式"培训方法，不断提高员工的工作能力与工作绩效

（9）档案建立与完好率。

公司内控标准	≥98%
承诺指标	≥98%
测定依据	完好档案数量/应建档案总量×100%≥98%
保证措施	（1）制定严格的档案管理制度，配备兼职人员管理，配置完善的档案储存设施及场所，加强档案资料的收集、分类和归档管理 （2）采用原始资料与计算机磁盘双轨制，确保档案资料的安全可靠，实现档案资料储存方式的多元化

第二节

智慧清洁管理系统

一、何谓智慧清洁管理系统

随着物联网技术的发展，清洁设备行业也逐步开始使用上了物联网技术。越来越多的洗地机、扫地车等清洁设备开始使用智慧清洁管理系统。所谓智慧清洁管理系统，就是在洗地机、扫地车等清洁设备基础的洗地、扫地功能之上，加载的设备信息化、数据化、联网化的管理系统，帮助提升物业保洁的工作效率、管理能力、管理水平，降低管理成本。

二、智慧清洁管理系统的优势

传统的清洁管理方式效率低并且正确率低,档案录入、工资核算等烦琐,其现场检查往往消耗大量时间及体力。管理上更无法正确测量、无法洞察真相,以致无法达到有效率的管理。

而采用智慧清洁管理系统,将改善传统管理方式的弊端,从线下操作到在线化,逐步转为智能化清洁管理系统。

比如,物联网洗地机和扫地车,通过加装智能传感硬件,集成车载通信协议,实现对保洁作业的"人、车、物、事"构建全时段、全方位、前后台无缝对接、精准高效的全生命周期运营服务监管和智慧增效。

三、智慧清洁管理系统的功能

不同企业研发的智慧清洁管理系统,其功能模块也不尽相同。在此,以万洁智慧保洁管理系统为例,简要介绍智慧清洁管理系统的功能模块,如图4-3所示。

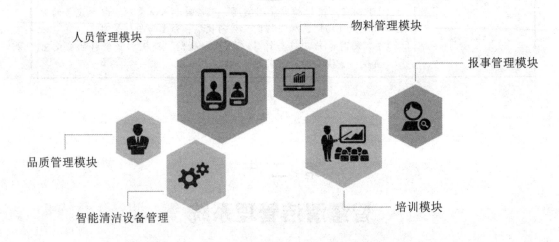

图4-3 万洁智慧保洁管理系统的功能模块

以上六大管理模块,运用智能化管控,进行统一管理,使工作效率提高,服务质量提高,从而达到客户满意度。

1. 品质管理模块

(1) 计划任务列表。项目日/周/月等计划卫生及周期性管理工作可作为"清洁任务"和"日常任务"预设在系统内,避免遗漏;支持自动推送和手动推送两种模式,满足项目灵活管理需求。

（2）计划任务追踪。开始执行到完成检查，任务执行进程可实时追踪，项目工作完成进度实时掌握，任务不遗漏，工作不窝工，品质看得见。

（3）巡检记录。通过在项目特定区域部署二维码，在系统预设巡检扫码频次要求，可实时采集保洁员巡视进度和主管检查进度，巡检记录不再流于形式，清洁有保障。

（4）清洁反馈。清洁问题可直达保洁端，问题区域、问题分类、问题描述、现场照片——多角度采集问题信息，帮助保洁人员快速判断问题详情，便于精准处理。

日定期、周定期、月定期等周期性的计划卫生任务完成情况可随时在计算机端进行查询，帮助管理人员及时掌握项目清洁进度，晨会、培训、更换客用品等周期性的管理工作也可以在系统里进行设置，有效提升工作效率，避免遗漏。

管理数据不再是简单分散记录在各类表格上的管理痕迹，数据的汇总分析也不再是冗长机械的繁复工作，系统将各项清洁数据有机整合，分类汇总分析，如扫码完成率、投诉整改完成率、定期任务完成率。后台自动呈现分析结果，激活各项清洁数据，用数据看结果，用数据指导过程，才能管理清洁工作。

2.报事管理模块

万洁智慧保洁管理系统的报事管理模块，可以优化管理工作效率，可采集报修、安全隐患反馈等报事问题，并对问题进行分类汇总分析，同时在手机终端上可查看报事详情及报事处理进度，随时随地掌握项目运营动态，如图4-4所示。

同时，也可在报事管理PC端后台详细查看各类报事详情、处理进度、工程或安保人员的签到记录等相关数据和报表，报事管理实现数字化、可视化。

3.物料管理模块

为同时兼顾物料管理需求和项目使用便捷，万洁智慧保洁管理系统的物料管理模块手机端按管理内容设置了6个子模块：设备列表、设备订单、项目库存、物料申请、物料订单、项目盘点，解决了传统物料管理的烦琐，提高了管理效率及工作进度。而PC端包含全部手机端的功能，同时包含供应商管理、采购管理、出入库管理、常用报表等公司级物料管理内容。

图4-4 报事管理模块手机端操作界面截图

物料管理模块每月将自动生成物料申请单,物料消耗数量盘点更准确,设备申请、调配、点检、维修、存放全记录,使设备"活"起来,让服务更有灵动性,模块增加物料评价功能,物料好不好,可以让实际使用人来说一说,征集广大意见,物料领用人具体到保洁人员,物料消耗更明晰,与传统物料管理相对比,更节省时间,提高了工作效率,如图4-5所示。

图4-5　物料管理模块手机端操作界面截图

4.人员管理模块

通过万洁智慧保洁管理系统的人员管理模块,可以随时查看企业用工详情,包括档案、某时期入离职情况、考勤记录等。

该模块还具有"黑名单"功能,公安通缉人员、已知劣迹员工等,会提前录入黑名单,可避免企业误招误用,防范用工风险。

5.培训模块

通过万洁智慧保洁管理系统的培训管理模块,可以随时学习万洁智慧服务研学中心的培训课程。该模块可记录员工的学习情况和学习频次,提高培训学习覆盖率。

6.智能清洁设备模块

万洁智慧保洁管理系统所配备的智能清洁设备具有物联网远程管理功能,可实现计算机端、手机端实时查看，同时可以对服务现场设备进行远程实时状态监控。如图4-6所示。

图4-6 智能清洁设备模块手机端操作界面截图

该设备物联网模块为万洁集团自主研发，运用APP，可以实现不在计算机前统一管理设备的方式，可增加工作效率，提高服务质量，如图4-7所示。

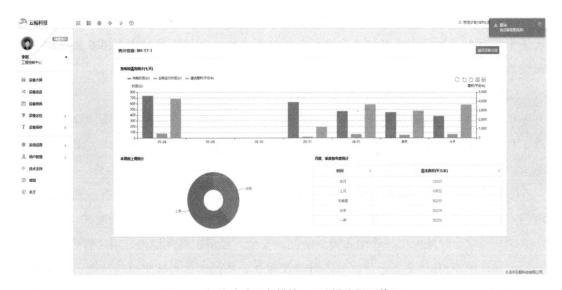

图4-7 智能清洁设备模块PC端操作界面截图

第三节

智能清洁设备

一、智能清洁设备对现场品质的把控

清洁、保洁服务是物业服务的重要组成部分，是衡量物业服务管理工作质量的第一印象点。物业服务企业应形成整合型管理体系，以科技型管理为手段，使服务项目的清洁工作科学、环保、无公害，保持空气清新、环境幽雅。

1. 科技型清洁

（1）配备先进的清洁设备、严格规范的操作技术和科学的清洁方法。清洁工作必须摒弃传统的管理模式和方法，在操作方式、作业工具方面以科技领先、服务为本，采用大容量、低噪声、无污染、自动化程度高、方便快捷的现代化清洁工具。

比如，配备自动洗地机、地毯清洗与保养的系列设备、吸水机、吸尘机、清洁作业车等。

同时，可根据不同地面材质及使用区域配备不同清洁设备，达到服务要求并提高服务质量。

比如，大面积硬质区域使用智能驾驶式全自动洗地机、扫地机；公共区域、楼层通道等中等面积硬质区域使用智能手推式全自动洗地机；电梯轿厢、洗手间等狭小硬质地面使用单擦机、吸水机。

（2）采用先进的清洁技术，对各类材料进行清洁、养护。

比如，对大理石的保养应摒弃传统的打蜡方法，采用云石水晶处理法，以增加其光泽；对大理石打磨抛光可采取喷雾磨光法；对地毯护理可分别采用干洗法、湿洗法、抽洗法、滚刷洗法或棉垫洗法。

（3）依据材料养护理论，对各种建筑材料的特性进行物理与化学分析，制定最佳的清洁方案，以达到最佳的清洁效果和最少的损坏，使所管物业受到良好的呵护。

（4）科学合理地应用、调配各类清洁剂，安全、经济、高效地做好清洁管理工作。

比如，依据pH值要求而调配的各种浓度酸性、碱性清洁剂及中性清洁剂，依据不同金属材料而调配的铝品、铜器及不锈钢光亮剂，依据地板种类调配的地毯水、地板除灰剂、地板蜡水等。

2."零干扰"清洁

全面推行酒店式服务管理模式，清洁员工穿着统一、规范的工作服，佩戴统一工作标识牌，配备符合酒店式服务的清洁用具，在保证日常清洁、保洁工作标准的前提下，遵循"零干扰服务"的原则，科学合理地调度安排，尽量做到"隐形服务"。

3.环保型清洁

（1）垃圾分流。采用垃圾分类投放，结合人工分类的方法，对各类不同性质的垃圾进行分类处理，实施"三化"管理，即垃圾收集袋装化、垃圾回收资源化、垃圾处理无害化，进行有效的垃圾分流工作，使整个回收系统达到良性循环。

（2）使用绿色环保型药剂。选用对人、建材、环境无污染、无损害的清洁剂。特别是针对新材料众多、表面养护分类很细、石材护理工艺复杂的特点，使用绿色环保药剂更是尤为重要的。

（3）空气的清新。使用无刺激性气味的清洁剂，并于清洁完成后喷洒空气清新剂，保持空气清新。

4.安全型清洁

（1）严格的管理制度。在综合型管理体系中制定详细的清洁工作程序、操作规程、工作标准等保障制度。

（2）安全保障措施。物业服务企业可采取如图4-8所示的安全保障措施。

措施一	持之以恒地坚持对作业人员的安全教育，使员工牢牢树立"安全第一"的思想，做到"不安全不作业，排除安全隐患再作业"
措施二	运用课堂培训、现场演示、模拟演练等多种培训方式，培训作业人员的应急处理的技能、基本的消防灭火、紧急救护的技能，使每个员工成为义务消防员、治安员，能够及时发现安全隐患、能够用正确的方法处理紧急情况
措施三	清洁作业中采取严格的安全措施，防止事故发生
措施四	定期检查专用设备、工具、器械的安全状况，避免意外事故发生

图4-8　安全保障措施

 相关链接

宝华物业大理石清洁与养护方法

1.石材病症——来源及解决方案

自然风化	常规磨损	人为损害	化学品侵蚀	石材老化病变
石材加工和安装前,用石材专用养护剂做全方位养护。预防和解决因空气酸性物质引起的腐蚀老化,同时防止污渍渗入	定期对石材进行打蜡或结晶防护处理。对磨损部位恢复翻新。对纹路缝隙塌陷部位采用无缝处理	及时清除污渍,采用修复处理,加强员工培训(特别是新入职员工),各出口做防护措施,加强管理	预防,避免接触化学品,短期可采用中和反应处理	预防,避免接触化学品,短期可采用中和反应处理

2.石材护理三步骤

(1)日常防护,所有进出人员门口都铺设防尘脚垫(里外有别),使用中性清洁剂、消泡剂及时清除地面污渍。

(2)每日进行抛光,使用百洁垫、蜡拖、抛光机、尘推。

(3)定期进行结晶及打蜡护理,使用起蜡水、低蜡、面蜡、修补蜡进行打蜡;使用结晶粉进行结晶。

3. 石材护理——推尘除污

推尘

除污

清除地面砂砾和灰尘
所需工具：尘推、尘推车
所需药剂：静电牵尘剂

清除地面污渍
所需工具：洗地机
所需药剂：中性清洁剂、消泡剂

4. 石材护理——打蜡

工具：单擦机、吸水机、结晶机、尘推、推水刮、量杯等。

药剂：结晶粉。

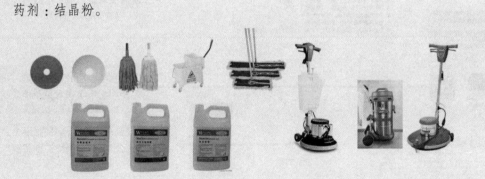

5. 石材护理——结晶

工具：吸水机、结晶机、结晶垫、尘推、推水刮、量杯等。

药剂：结晶粉。

二、智能清洁设备的可视化管理

由于物业服务的主体是"物",因此在物业服务中,要做到"可视化优先",把用户能够感知或关注到的事项,作为重点管理内容。

而不少物业服务人员文化水平并不高,尤其是一些保洁人员,年龄偏大,复杂的文字介绍接受起来比较困难,也不容易很快学会,而通过大量展示实际工作中产生的图片、表格,辅之以必要的文字说明的形式,可以将物业服务中的标准和规范要求"一目了然"地呈现给物业从业人员,使其更容易掌握和运用。

物业管理可视化标准为从业人员理解和实施物业基础服务工作起到较好的指导作用,可以让物业服务和管理的流程更加直观,使内部信息实现透明化,并能得到更有效的传达,从而让物业从业人员简单、快速、高效地学习了解并掌握各类物业管理标准和服务规范。

如图4-9所示的是万洁集团宝华物业公司的可视化管理图例。

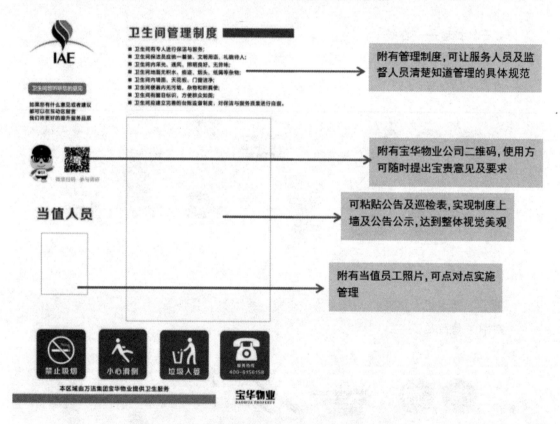

图4-9 万洁集团宝华物业公司的可视化管理图例

三、智能清洁设备的分类

随着社会的进步及人们对自己生存环境的高要求,物业保洁已告别了传统的拖把、扫把，取而代之的是高效、高标准的设备保洁，把人们的智慧、人们的创造力及高科技进一步融入清洁设备里，使得无人驾驶扫地机、洗地机、机器人安防、物联网大数据在物业保洁行业内广泛应用，造就了今天的数智化清洁设备。

1.按使用场景划分

清洁设备按使用场景分，可以划分成洗地类设备和扫地类设备，如图4-10和图4-11所示。

图4-10　洗地类设备　　　　　　　图4-11　扫地类设备

2.按清洁地面的能力划分

清洁设备按清洁地面的能力划分，可以分成清洁硬质地面的设备和清洁软质地面的设备，如表4-2所示。

表4-2　按清洁地面的能力划分清洁设备

序号	设备类型	适用场景
1	清洁硬质地面的洗地类设备	光滑的石材地面、人造釉面砖、水泥耐磨地面、水磨石地面、环氧树脂地面、硅PU涂装等地面，清洁设备包括吸水机与单擦机组合、半自动行走洗地机、助力行走洗地机、驾驶式洗地机等，根据现场的面积、清洁的要求进行实际需求的组合
2	清洁软质地面的清洁设备	长毛地毯、短毛地毯、化纤混织地毯等软地面，清洁设备包括单擦机挂电子泡箱与吸水机组合、三合一地毯抽洗机等

四、硬地面清洁设备

随着社会的发展，人们生存环境的改善，大量的高档石材铺装、高级特殊复合材料地面的使用，原有用拖把的清洁已不能适应环境的要求，取而代之的洗地机广泛使用。

1. 洗地机

洗地机是专为清洗硬质、光滑地面而设计的，并且是可以"行走"的设备。洗地机的作用如图4-12所示。

1. 清洗地面和吸干地面的污水同步完成
2. 采用合适的物料，对光滑的地面能产生抛光的效果
3. 滚刷洗地机可以收集地面上少量的固体垃圾，对地面上的垃圾有预扫功能

图4-12 洗地机的作用

2. 物联网洗地机

什么是物联网呢？就是以如今高速发展的互联网为基础，把您需要了解、控制的物进行管理，即"万物互联"。物联网实现的办法：通过各种终端传感器，将各种物品与互联网连接起来，实现物品的自动识别、定位、跟踪、控制和信息的交互、共享。

物联网洗地机就是把智慧物联网管理功能作为洗地机的标配，实现工作数据上传、设备状态远程监控。

相关链接

万洁集团研发的云鲸洗地机

云鲸洗地机是万洁集团沉淀了20多年洗地机技术研发的自主产品，集多款洗地机技术之长，融入了现在高科技于一体的智慧型洗地机，具有锥底形污水箱的专利，具有自动上刷的人性化功能，具有远程监控与监管的物联网数据采集功能。

云鲸洗地机的质量不但得到客户的认可，其技术也受到同行的关注，并通过了欧盟CE认证。

云鲸洗地机C86

云鲸洗地机的优势如下。

（1）具有靓丽的外观，悦目的配色。

（2）具有合理的设计机构，方便使用，方便维护保养。

（3）具有独有的锥底形结构的污水箱，容易清理，节约水资源。

（4）具有多重保护配置：垃圾分拣筐、污水泡沫防吸入网，吸水电机更安全。

（5）采用了高科技触摸屏配置，实现了"一键式"智能操作，易学易用。

云鲸设备物联网就是基于现在完善的网络技术，在传统的洗地机上，置入电压、电流等传感器，运用人工智能的算法，把设备的吸水电机、刷盘电机、行走电机产生的数据进行分析，传输给云鲸物联网服务器，在PC端和手机APP上进行远程监控。

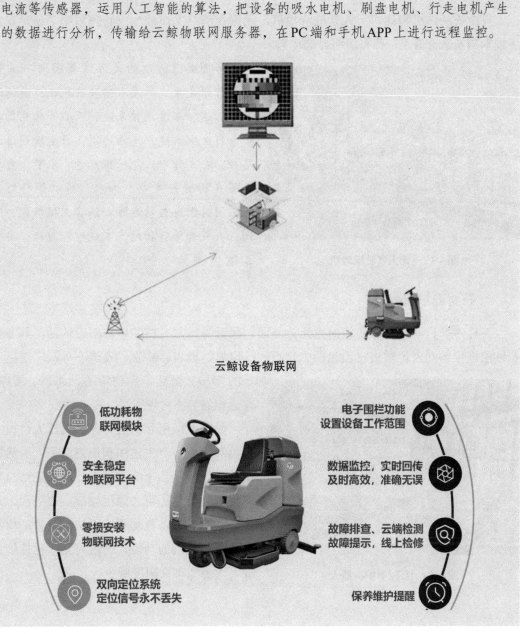

云鲸设备物联网

云鲸洗地机物联网PC端监控显示数据，实现云鲸洗地机的智慧物联网的管理，可以实现云鲸洗地机每天工作时间、清洗面积、充电时间、设备是否需要维护、设备工作地理位置等数据监控。在主控室里就可以对云鲸洗地机的远程数据分析，减少了不必要的现场监管，为项目提供直观的数据统计。

3. 无人驾驶洗地机

与传统清洁机相比，无人驾驶洗地机，无论在清洁工作效率、管理效率，还是在经济成本和未来价值上，都有着明显的优势。

图4-13 无人驾驶洗地机

如图4-13所示的是万洁集团与行业翘楚合作研发生产的无人驾驶洗地机，能通过激光雷达、深度视觉系统、声呐等传感器数据，自主探索建立清扫地图，自主规划清洁路径。在工作中，能根据电量、水量，自动决策是否进行充电、加水、排水等补给任务。同时配备自动避障和语音播报功能，遇到行人或者障碍物时，实现智能避让，安全工作。

4. 石材养护机器人

石材养护机器人是专为地面抛光、晶面、翻新等日常石材养护需求设计的，具备超长续航推尘等功能，适用材质包括大理石、花岗岩、板岩、砂岩、人造石等，广泛适用于写字楼、酒店、购物中心、超市、展馆、交通枢纽等室内场景。

图4-14 石材养护机器人

如图4-14所示的石材养护机器人可自主定位和导航，自主建图和规划路径，灵活应对复杂场景。独家的路径设计，保证结晶效果优质均匀，还可去除深划痕、去脏污、浅度翻新；并具备自动更换百洁垫、智能检测和控制结晶剂的功能，全流程无人化持续作业，人力成本大幅度减少。

五、软地面清洁设备

在楼宇写字间里,为了降低人员行走产生的噪声,造成的相互影响,以及提高环境的舒适度,楼宇写字间里的地面都会大量铺装地毯,地毯使用时间久了,就会有污损,所以物业保洁的软地面清洁,也是一项复杂烦琐的技术工作。

1.设备分类

软地面清洁的机械设备包含单擦机挂电子泡箱与吸水机组合、三合一地毯抽洗机、蒸汽地毯清洗机、直立式吸尘机等。

如果地毯需要清洁的面积不大,不方便三合一地毯抽洗机作业,就只能选用单擦机挂电子泡箱与吸水机组合进行清洗,所以作为一名合格的软地面PA工,能正确使用单擦机、电子泡箱、吸水机进行地毯的清洗,是其基础技能之一。

2.单擦机

单擦机是由电机驱动盘刷,用物理和化学方法完成对硬地面或软地面除渍清洗的设备,如图4-15所示。

单擦机的配置组合。

(1)硬质地面的清洗组合,单擦机加水箱配地刷或单擦机加水箱配底座扎百洁垫。

(2)软地面的清洗组合,单擦机加电子泡箱配毯刷。

图4-15 单擦机

3.吸水机

吸水机的全称是干湿两用吸尘机,利用负压的原理完成吸水或吸尘工作。

吸水和吸尘时,干湿两用吸尘机如何转换呢?干湿两用吸尘机里放入过滤尘格,安装吸尘扒,它就是一台吸尘机。干湿两用吸尘机里不放入过滤尘格,安装吸水扒,它就是一台吸水机,如图4-16所示。

图4-16 吸水机

4.地毯抽洗机

传统的刷机刷洗地毯,只能清洁地毯表层,而且会把地毯毛压扁。而三合一地毯抽洗机,能深层清洗地毯根部,有效梳理地毯毛,使地毯亮丽如新、更富有弹性。

三合一地毯抽洗机是一台集喷水、清洗、吸水于一体的设备,即用雾化的清水,把地毯喷湿,用滚刷对喷湿的地毯进行梳理清洗,再用吸水电机的负压,把梳理清洗后的地毯里的水分吸除，如图4-17所示。

5. 室内地毯石材清扫机器人

室内地毯石材清扫机器人是专为中小型室内商用场景设计的，适用于地毯、人造/天然石材地面等软、硬地面的楼宇清洁。

如图4-18所示的室内地毯石材清扫机器人具有全自动充电桩、电梯联动、滚动尘推及尘推自洁功能，可实现无限续航和楼层间的自由穿梭。能为奢侈品商场、酒店、公共办公空间等小场景商用空间提供专业的吸尘服务。

图4-17　三合一地毯抽洗机　　　　图4-18　室内地毯石材清扫机器人

六、户外清扫设备

物业户外保洁工作中，清扫马路上的落叶是保洁员最头痛的事，面积大、落叶量多、风吹影响因素多，因此扫地机是户外保洁最实用的清洁设备。

1. 户外驾驶型扫地机

扫地机是用于在公共区域或工业区域清洁硬质地面的移动式设备，可收集几乎所有类型的固态垃圾及灰尘。与人工清洁相比，扫地机有更高的清洁效率和清洁效果，且不受风力因素的影响，如图4-19所示。

2. 无人驾驶扫地机

无人驾驶扫地机是集成完整自主定位导航解决方案的重型工业级无人驾驶清扫机器人，适于沥青公路、毛石地面、塑胶地板、环氧树脂、水泥等复杂地面。具备多项清洁功能，集扫地、吸尘、降灰于一体；具备自主倾倒垃圾功能，实现人工零干预智能作业，如图4-20所示。

图4-19　万洁户外驾驶型扫地机S19　　　　图4-20　无人驾驶扫地机

七、智能消毒机器人

1台智能消毒机器人每天工作3h,可以完成6名保洁员一天的工作。基于行走和群体智能的优势,智能消毒机器人可以在楼宇里灵活地避开人群,完成消毒作业。保洁人员可以提前设置消毒路线,到达预约时间后,机器人会按照设定自动消毒,整个过程不需要任何人工干预。

如图4-21所示的是万洁集团专为室内场景设计的防疫消杀、空气治理机器人,集消杀、香氛、加湿、推尘于一体,具备高精度自主定位导航、自主消毒、自主搭乘电梯等功能。

图4-21　防疫消杀、空气治理机器人

第四节 智能垃圾分类

一、垃圾分类的意义

垃圾分类已是迫在眉睫和必然趋势,物业管理服务企业作为垃圾分类的最源头,自然而然地承载着不可推卸的责任和义务,在垃圾分类中发挥着至关重要的作用,物业服务企业更应该积极响应国家政策,提前规划和布局,全力以赴做好垃圾分类工作。

对物业服务企业而言,垃圾强制分类时代的到来,将会是不小的挑战,但同时也会是一个机遇。垃圾分类做好了,既能够促进社区和谐、改善社区环境,也能有效提升物业服务品质和物业行业形象。

相关链接

垃圾分类中,物业公司的责任

在垃圾分类走进大家生活的过程中,小区物业将扮演重要的角色,物业服务人在生活垃圾分类工作中应履行什么责任?承担哪些主要工作呢?

于2021年3月1日起实施的《成都市生活垃圾管理条例》第四章第三十条明确"我市实行生活垃圾分类投放管理责任人制度。委托物业服务人进行管理的住宅小区、写字楼等建筑区划,管理责任人为物业服务人",第三十一条也明确管理责任人应履行的6项义务如下。

(1)建立责任区生活垃圾分类投放日常管理制度,并公告不同类别生活垃圾的投放时间、地点、方式等。

(2)开展生活垃圾分类知识宣传,张贴宣传生活垃圾分类标准、指南、方法的图文资料。

(3)指导、监督责任区生活垃圾分类投放。

(4)除可回收物可以直接交售外,有害垃圾、厨余垃圾和其他垃圾应当移交给有相应资质条件的生活垃圾分类收集、运输单位,并签订服务合同。

(5)建立生活垃圾管理台账,记录责任范围内实际产生的生活垃圾种类、数量、运输单位、去向等情况。

（6）保障生活垃圾投放设施的正常使用，并及时维护更换，对生活垃圾投放设施进行卫生清洁和消毒灭杀，防止污染环境。

其中，物业服务人作为管理责任人的，应在属地政府、居（村）民委员会的管理指导统筹下，配合开展工作。同时，物业服务人还应配合物业服务区域内的业主、物业使用人做好生活垃圾源头分类工作。"具体讲，物业服务人应履行好指导、监督、劝阻、报告四项职责，即安排有关人员并配合属地政府、居（村）民委员会做好业主、物业使用人在投放中的指导，劝阻和制止乱投放行为；对拒不听从劝阻的，应当及时向城市管理部门报告。"成都市住建局相关负责人表示。

另外，物业服务人在履行自身职责后，还应配合城市环卫部门、清扫公司做好分类后的生活垃圾的收运工作；针对废旧家具等体积大、整体性强，或者需要拆分再处理的大件生活垃圾，条件允许的要提供指定地点进行堆放，并交付给再生资源回收企业、生活垃圾分类服务单位。

二、实行标准化垃圾分类措施

物业服务企业要切实做好垃圾分类工作，促使广大业主了解垃圾分类工作的意义，提高居民的垃圾分类意识，还需采取相应的措施。

1.做好垃圾分类宣传

（1）物业服务企业可在小区每个入口处和楼栋大堂内张贴垃圾分类公告、宣传手册、定点投放地图等。

（2）在垃圾投放点安排小区管理人员和志愿者值守，现场指导查看和帮助业主更加准确地进行垃圾分类。

（3）垃圾分类工作推广期间，物业服务人员可挨家挨户上门沟通和宣传，尽最大努力征得广大居民的认可和支持。

（4）大力开展培训，尽力做到人尽皆知。为了使广大居民真正掌握垃圾分类的知识和方法，基于现场的培训是必不可少的。一方面，物业企业可精心制作宣传小册子，发放到每家每户；另一方面，物业企业可组织专人持续开展多次现场培训和演示。

2.达成共识，建章立制

在小区内全面推行垃圾分类，必须征得业主委员会的理解和支持，否则难以操作实施。改造或增设生活垃圾厢房，需要投入资金，需要业主委员会同意，涉及重大事项的，还需要启动业主征询程序。

物业服务企业可在政府有关部门的指导和帮助下，制定并实施《垃圾分类小区管理规约》。管理规约作为小区内的"法规"，对于居民的日常行为具有一定的规范和约束作用。在征得2/3业主同意的情况下，将垃圾分类处置的有关内容和要求纳入管理规约，并作为正式的规定颁布实施，可以形成制度保障，实现规范运作。

3. 硬件配置，资源保障

（1）设置生活垃圾厢房。将原有的建筑垃圾厢房改造成生活垃圾厢房。

（2）合理安排投放点。投放点具体按照怎样的"密度"去设，需要根据小区空间条件、志愿者人数等因素来合理确定，而且在设置时，必须坚持便民原则，要根据小区居民原有的投放习惯及垃圾房的位置来设置。

4. 加强管理，多管齐下

日常生活垃圾的分类处置不仅是个体行为，还是一个动态过程，所以在实施中必要的过程控制显得尤为重要。

（1）在初始阶段，组织党、团员志愿者在各投放点进行现场指导和培训。

（2）在各投放点都安排保洁人员担任"桶长"，负责在投放时间段内，对居民准备投放的垃圾进行查看，如果发现问题，立刻加以说明并帮助其重新分类。

三、配套智能垃圾分类设施

传统垃圾分类过程中存在着许多问题，如居民的垃圾分类意识得不到提高；错误分类导致的可回收垃圾污染成为不可回收的垃圾；工作人员需要在规定的时间内监督居民用户正确投放垃圾，减少分类错误；还有部分居民在非投放时间内乱扔垃圾，增加了相关人员的工作量，给管理带来不便。那么，如何使垃圾分类工作有效并高效地施行呢？作为小区业主的管家，物业服务企业可以为本小区添置配套的智能垃圾分类设施，建设好本小区的智能垃圾分类管理系统。

1. 什么是智能垃圾分类管理系统

智能垃圾分类管理系统是指依托AI技术、人脸识别、移动互联网、大数据、物联网等，通过信息化的手段，从垃圾分类宣传、垃圾分类投递、垃圾分类收集、垃圾分类清运、垃圾分类处理等方面着手，对垃圾分类各个环节进行智能化管理。

比如，如图4-22所示的是金沙田智能垃圾分类管理系统，就是利用"物联网+""5G"技术将数据传输至云平台，从而形成大数据并进行分析。这些信息将提供给相关市政部门、企业用以建立更加高效的管理模式。

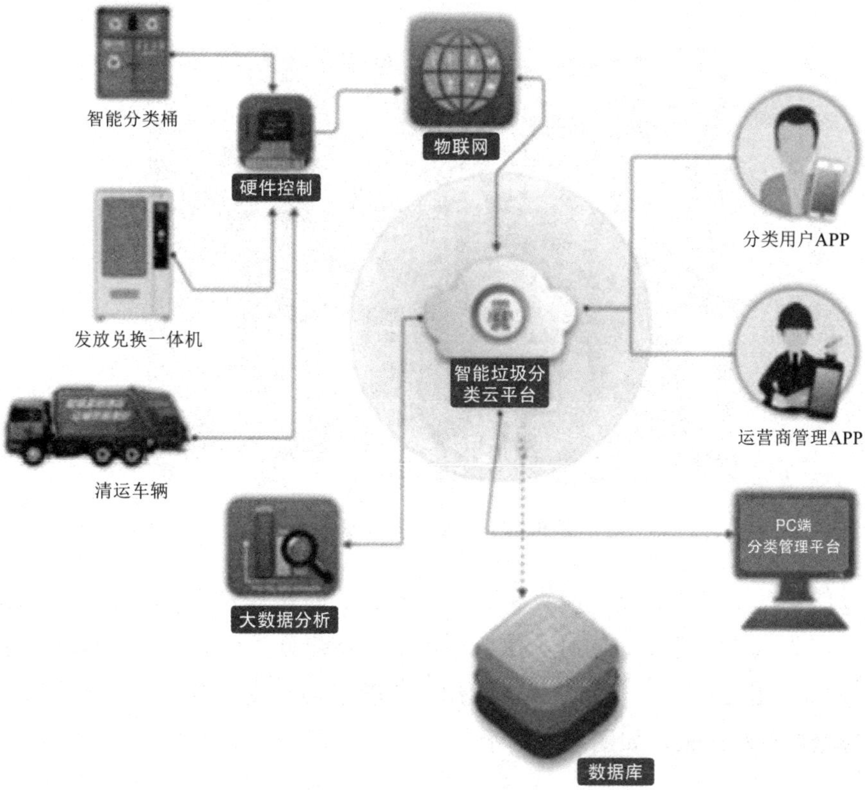

图4-22　金沙田智能垃圾分类管理系统

（1）通过智能垃圾分类设备内置传感器所反馈的信息，系统进行相关算法计算，可以监测每个垃圾分类投放口的相关情况（如满溢、重量等），及时向相关作业人员进行反馈，从而大大提高工作效率，降低能源消耗。

（2）金沙田智能垃圾分类管理系统可以有效地增强居民垃圾分类意识。通过垃圾分类投放终端及手机终端，系统可以准确地告知居民各自丢弃的垃圾量以及所获得的积分。这将为更有针对性、更准确的垃圾分类宣传活动方案设计提供良好的数据基础。

（3）实时数据收集，可以使相关管理部门及时了解辖区内居民的垃圾分类情况、生活习惯、垃圾的种类、数量以及手机APP的使用频率。通过数据分析对相应区域或者个体制定针对性的改良方案。

2.智能垃圾分类管理系统的功能

外观上看，智能分类垃圾箱设有可回收、厨余、其他及有毒有害等投递口，上部配置触屏，顶部带遮雨盖。相比传统垃圾桶，形象要提升不少，更具科技感。垃圾箱在设计上做了密闭处理，可防止异味的散发，减少了垃圾对社区环境和空气的干扰，让社区有一个更舒适、清新的环境，如图4-23所示。

图4-23　智能垃圾分类箱

更重要的是，这些智能分类垃圾箱通过与社区的"智慧大脑"连接，可以通过人脸识别或者扫码方式进行开箱；同时，垃圾箱还会对住户分类投放的垃圾自动称重，系统在自动识别ID后进行积分。积分兑换生活用品等奖品的机制，能有效地激励居民参与到分类投放垃圾的行动中来，如图4-24所示。

图4-24　智能垃圾分类

此外，智能垃圾箱还设置了满溢报警、定位、防腐及一定等级的防水功能。物业管理人员则可以在后台查看垃圾箱设备情况，及时通知保洁人员进行清理，大大方便了物业对垃圾箱的管理与维护，提高物业管理的效率。

第五节 保洁7S服务标准

一、何谓7S服务标准

物业服务企业应依据各服务项目业态的不同,以如图4-25所示的7S标准进行服务,总体概括为强化自身技能、提高服务意识,养成良好的素养,使工序简洁化、人性化、标准化。

图4-25　7S服务标准

二、整理

传统的保洁管理服务中保洁员常用的水桶、毛巾、拖布、清洁剂等工具都是按人头分配的,这样一来,保洁员会想办法将工具稳妥保存,避免丢失,造成工具与耗材存放杂乱无章、位置不固定。

智慧物业保洁管理应进行合理的规划,以提高收纳能力。

比如毛巾的存放,为提高清洁效果,规定不同区域的擦拭毛巾以颜色区别开,如镜面、桌面使用白色,墙面、楼梯扶手使用蓝色,卫生间内部易污区域使用红色。在收纳中,清洁毛巾需悬挂放置,既区分了不同使用区域,又方便晾晒,避免发霉。又如洗涤剂、消毒剂、去污剂、漂白剂等不同功能的清洁剂,统一存放在明显位置,贴上标识,避免混淆。

制定清洁用品的正确存放布局,提高了物品的收纳量和安全性,在提高对清洁工具和物料的统筹管理力度的同时,也有效避免人员流动造成的不便(图4-26)。任何人到达工作区域都能够方便地找到工具,很快开始工作。甚至保洁主管通过查看工具的使用情况就能判断出当前保洁员的工作位置,这对于保洁工作的管理起到了非常大的辅助作用。

图 4-26　整理后保洁工具有序存放

三、整顿

清洁工作的目标是维持环境的干净整洁，具有一定的即时性。这就需要保洁员不仅要按标准完成清扫工作，还要保持环境的状态。很多没有实施 7S 管理的物业服务企业，项目现场执行保洁员自检、保洁主管检查、客服部检查的三级检查，由于检查频次和时间密度安排不合理，很多时候不能及时发现问题，导致用户投诉，既对用户的工作和生活造成不便，又对物业服务企业的服务品质造成负面影响。

7S 管理中的整顿就是将原来的"三查"改为现在的"五查"，即助理查、主管查、保洁领班查、保洁主管查、客服经理查的五级检查制。

（1）保洁主管、助理将卫生间、茶水间、公共休息室等作为责任区域进行重点细致的检查，其余区域进行抽查。

（2）保洁领班、主管将公共走道、电梯厅、消防通道作为责任区域，进行重点细致的检查，其余区域进行抽查。这样每人每天 2 次的巡查频次，从早上保洁工作时间开始到下班结束，共计 15h，分为 8 个时间段进行交叉巡查，保洁工作时间列在检查时间段区间内。

（3）增加人员抽查频次，同时结合了对客服务的其他工作，将相关工作合并进行，不会增加现有人员的工作量。交叉检查的同时，不仅能够发现清洁工作的不足，同时也是对各岗位工作的监督，保障各项工作的有序进行。

（4）客服经理是环境清洁品质的第一责任人，在进行抽查的同时，也是深入服务一线的过程，有助于及时了解客户需求，发现服务工作中存在的问题。

四、清扫

（1）用户的需求是保洁工作的出发点，满足用户需求是物业服务企业的最终目标。因此清洁工作任务的标准必须锁定用户需求，识别和判断用户个性化需求特点，进而达到用户满意的一致性和稳定性。

（2）在保洁员的工作时间安排上，要根据不同楼层的用户使用时间特点进行统筹，以最大限度减少工作对用户使用造成的影响。

（3）保洁员在工作中与用户接触频繁，能够经常接收到用户对于服务的反馈信息，留意用户的肢体语言、表情变化，积极倾听并记录用户的意见和建议，这些对于提高清洁服务有着重要意义。

物业服务企业要对通过保洁员收集、反馈的用户建设性意见或建议被采纳者，给予保洁员相应的奖励，以激励保洁员在工作中注意加强对用户需求的关注。

五、清洁

清洁工作手册属于物业管理工作中的必备指引，作为ISO的体系文件，对手册内容、制度、标准、流程进行详细的规定。在执行过程中，结合服务项目个性化特点，客服部应对手册内容不断进行研究、调整。工作手册要明确规定各区域的工作流程、频次、质量标准和检查标准，保洁员在上岗前都要进行学习考试，成绩合格后正式开始工作。

在执行过程中，物业服务企业应根据环境、用户需求来机动地调整工作计划，对于日常保洁工作中发现的问题，及时调整工作内容，对于易脏的部位细化具体位置的管理，对于保持较好的部位改到月清和季清的工作范围内。

六、素养

作为一线服务人员，保洁员的行为礼仪也代表了物业服务企业的服务形象，加强对保洁员职业素质的培训，不仅对清洁工作效率和质量至关重要，也对物业服务企业的服务品质和客户评价具有重要意义。因此，物业服务企业应加强保洁员的素质培训和管理。

1.全流程记录工作档案

每一名保洁员在入职后都应建立一份档案，包括个人基本信息，重点是记录入职以后的表现情况，如参加培训的次数、内容，考核成绩、工作区域变动情况，工作表现，主管评价，受到的奖惩情况等，以此提高对保洁员的管理效率，科学分配人员岗位和任务。

2.加强对人员的技能培训

保洁员的入职门槛不高，物业服务企业对于保洁员的招聘选择，应更加看重人员的工作态度和学习能力，入职时增加技能培训内容，无论员工的既往经验如何，能够通过考核，独立完成工作并达标者即可上岗。

保洁员的技能培训不同于一般的企业培训，员工的文化水平普遍不高，不太适用于理论知识讲座类。另外，保洁员的工作时间很满，不适合开展大范围普及培训。因此物业服务企业对于保洁员的技能培训最好采取一带一的实习期、技能评比的方式，如图4-27所示。

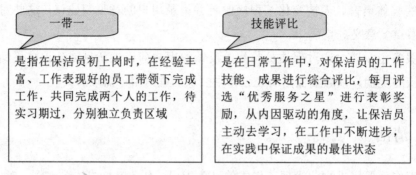

图4-27　对保洁员的培训方式

3.文化理念的培养

优质的服务和客户的满意度，离不开所有员工的努力，这份共识是企业凝聚力的表现，也是确保企业目标实现的基石。物业服务企业应鼓励员工与企业共同成长，给予所有人平等的晋升机会，工作表现优秀的保洁员也拥有同样的晋升机会。

服务行业对于员工的仪容仪表、行为规范、着装标准等有着严格的标准和要求，在保洁员的服务礼仪方面，物业服务企业也应制定相应的奖惩制度，并将服务礼仪纳入"优秀服务之星"评比指标。通过7S的文化理念培养员工良好的工作态度和职业素养，提高员工工作的主动性和积极性，进而提高整个工作团队的工作效率和凝聚力。

七、安全

消除隐患，排除险情，预防安全事故，保障员工的人身安全，保证服务的持续性，减少安全事故造成的经济损失，这是对物业服务企业最基本的要求。

1.安全的范畴

安全的范畴如图4-28所示。

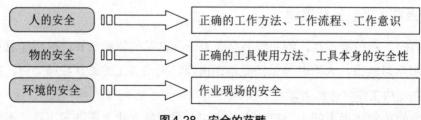

图4-28　安全的范畴

2.安全活动的实施

安全活动的实施方法如下。

(1) 常检查工作环境。

(2) 严格按照作业指导书作业。

(3) 做好各类安全标识。

八、节能

合理利用时间、空间、能源等资源,发挥其最大效能,从而创造一个高效、物尽其用的工作场所。现场管理,需要降低消耗,减少损失和污染排放,有效合理地利用资源。

在材料的节约方面,应做到以下四点。

(1) 避免材料领太多,多余未退料,用错原料。

(2) 可再用的原料当废料。

(3) 督导不良材料浪费。

(4) 清洁机械设备和工具的节能使用。

第五章
智慧物业能源管理系统

第一节
能源管理系统概述

一、何谓能源管理系统

能源管理系统是应用信息网络技术对物业服务企业管辖区域内用能单位和建筑物的能耗数据进行实时采集、汇总的节能管理系统。

二、能源管理系统的功能

能源管理系统采用国际先进的采样监测技术、通信技术和计算机软硬件技术等，以水、电、气、冷、热、汽、油等能源介质为监测对象，为所管辖区域建立一个能源管控中心，并对其用能进行实时采集、计量、计算分析，实现能源与节能管理的数字化、网络化和空间可视化，完善能源基础数据体系，创新能源监督管理模式。

智慧物业的能源管理系统应能实现表5-1所述的功能。

表5-1 智慧物业能源管理系统的功能

序号	功能	功能描述
1	数据实时监测	基于实时数据库和监控图组系统，建设管辖区域智慧能源管理平台。实现对各级载体（园区、社区、企业、建筑）、多种能源介质（煤、电、蒸汽、水、燃料气、氮气等）、多类运营参数（温湿度、二氧化碳浓度、出气量、供回水温差、压力等）的产、存、耗全过程的实时监控，掌握其历史数据和实时趋势
2	能耗地图	能耗地图模块基于所管辖区域内务企业、建筑的地理信息数据库，能够方便查询智慧能源管理平台内各企业、建筑的能耗信息、用能设备运行状态、新能源及储能系统的运行状态等信息，实现针对管辖区域的能耗监测、统计分析、能效分析、超标预警等功能
3	能效管理	智慧能源管理平台主要包括能源计划与实绩管理、能源调度运行管理（调度日志、异常监察、运行方式变更、事故、应急预案管理等）、能源统计分析（同比、环比、对标、成本、关联分析等）、能源考核管理、能源计量结算管理、能源计量器具管理、能源质量管理、能源报表管理等功能模块
4	需求响应	信息互联为所管辖区域能源合理分配提供了数据支撑，平台系统基于所管辖区域能耗体系的重要等级及各能耗单元的需求响应容量制定最佳需求响应策略，帮助所管辖区域整体实现能源平衡

续表

序号	功能	功能描述
5	微网系统数据分析	平台可实现针对微网系统各组成部分，包括分布式电源、储能装置、能量装换装置等各环节的运营参数进行数据采集分析，综合分析天气、供需变化、需求侧管理等因素，辅助制定更加经济有效的能源"发、用、储"运行策略，有效支撑所管辖区域微电网的建设运维，实现能源调配与运维优化
6	能耗模型预测	基于管辖区域能源数据的积累，利用数据挖掘技术建立预测模型，为管辖区域能源计划制订和优化调度提供数据支撑，优化管辖区域内企业、建筑能源管理体系，提高能源利用率。能源模型预测分为两个部分，分别为用能预测和负载预测，因为功能不同，采用的预测模型也会依据其特点进行优化，以确保能源模型预测的准确性
7	能源平衡与优化调度	能源平衡与优化调度是在考虑能源品位等级、产/耗能设备能耗特性差异，满足生产需要的前提下，通过系统优化分析，实现平衡能源计划、优化调度与实绩管理。能源平衡与优化调度功能将能源预测、需求响应控制、配用电自动化等体系进行有机结合，配合能源供需信息，在保证用户正常生活、生产、用能的基础上实现能源优化调度，确保能源平衡

三、能源管理系统的架构

为达到管辖区域能源管理系统的功能，可以根据数据的流向，将管辖区域能源管理系统分为四层架构，如图5-1所示。

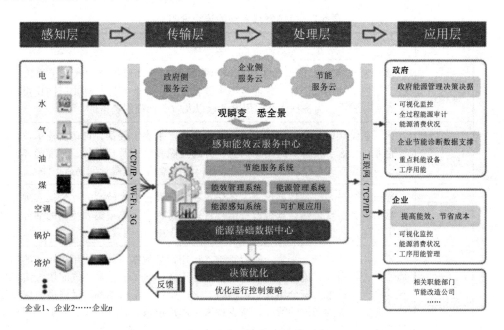

图5-1 能源管理系统的架构

1. 数据感知层

数据感知层主要通过电能表、能量表、水表等获取各回路的电耗及其相关电力参数、能量消耗和水耗等能源信息。

2. 数据传输层

数据传输层主要是把能源数据转换成TCP/IP协议格式上传至节能管理监控系统数据库服务器。

3. 数据处理层

数据处理层主要负责对能耗数据进行汇总、统计、分析、处理和存储。

4. 数据应用层

数据应用层主要对存储层中的能耗数据进行展示和发布。

四、能源管理系统的模块

智慧物业能源管理系统的模块可根据管辖区域能耗的实际来设计，通常应包括能耗监管、排污处理监管、照明监管、变配电监测、系统管理等，其中能耗监管又包括用电管理、水务管理、供热管理、供气管理等模块，具体如表5-2和图5-2所示。

表5-2 能源管理系统的模块说明

系统名称		功能说明
能耗监管子系统	用电管理模块	该子系统实时、自动采集各区域电表数据，自动监控单位区域（楼栋、片区、用户）的用电信息，并通过图表分析及日、月、年度的环比、同比报表等方式实时展示，为各独立部门用电考核以及收费管理创造条件
	水务管理模块	该子系统实时、自动采集水表（冷水表、热水表）数据，自动监控单位区域（企业、片区、楼栋）的用水信息，并通过图表分析及日、月、年度的环比、同比报表等方式实时展示，为各独立部门用水考核、收费管理创造条件
	供热管理模块	通过安装分户计量控制仪表，各建筑物室内设置温度检测，办公楼实现分时分温供暖，实现供热计算机设备运行管理；将所有需要采集和控制的部分全部集中控制，并集中处理、记录、查询，达到理想的节能效果
	供气管理模块	实现用气信息智能采集，缴费管理，运用计量数据自动生成用户用气的日、周、月、年报表，进行同比环比分析、不正常用气（非正常用气时段大流量用气等状况）报警的安全用气管理网络，大大降低人工成本和劳动强度，以及错抄、漏抄、人为误抄的情况，减少抄表给用户带来的种种不便，并加强用户用气的安全性

续表

系统名称	功能说明
排污处理监管子系统	通过在现场安装在线监测仪表连续测量监测点的水质和污水流量并通过远程数据终端转换成数字信号，再通过GPRS网络和互联网发送到终端数据采集系统，从而实现远程在线监测。在线监测系统包括采配水装置、预处理装置、在线监测分析仪表、数据传输装置以及中心控制系统
照明监管子系统（路灯及景观灯照明）	该子系统是利用检测设备和系统将各单位区域用能状况检测出来，通过能量管理找到存在的浪费现象，并利用控制系统将浪费降下来，在获得了没有浪费能量的能量需求前提下，能量管理系统再通过使照明等设备运行在系统高效率状态下，实现节能
变配电监测子系统	该子系统通过在各单位区域配电室安装多功能计量仪表，实现低压端的监测、管理，除实现电能计量管理系统的功能外，还可提供电流、电压、有功功率、功率因数等多参数的监测功能
系统管理子系统	该子系统提供使用区域信息、部门信息、设备信息、用户信息、全局编码、操作员及权限管理等系统所需的基本信息的管理

图5-2　万洁集团调试能源互联网平台

第二节　能耗监管系统

一、能耗监管系统的功能

能耗监管系统的应能满足表5-3所示功能。

表 5-3　能耗监管系统的功能

序号	功能	说明
1	用电统计	包括各单位区域用电消耗量的逐时、逐日、逐月、逐年及时间段的用电统计数据（数据表格和图形）
2	分类能耗统计	包括各单位区域的分类能耗的日、月、季、年及某个时间段的能耗数据统计（数据表格）
3	分项能耗统计	包括各单位区域的分项能耗的日、月、季、年及某个时间段的能耗数据统计（数据表格）
4	建筑能耗同比、环比分析	建筑物能耗逐时、逐日、逐月、逐年及时间段的能耗数据同比分析（数据表格和图形）
5	能耗审计	为了实现节能管理和控制，在电能计量管理系统、给水管网检测系统、网络预付费电能管理系统等的基础上，通过采用数据融合、数据挖掘及远程动态图表生成等技术，实时地从能源监管平台的各子系统中提取数据，形成数据综合分析。通过对海量能耗数据的综合处理与运算，形成各类统计学图表，实时反映历史能耗对比与未来能耗趋势，从而实现能源指标的合理度评价、能耗走势的科学预测。它将为节能工作中长期部署提供专家化的决策支持，为减少碳排放，实现低碳经济和可持续发展提供全面的信息支撑
6	能效公示	公布耗能情况：各企业、各部门、各独立计量单位的用能（水、电）的同比、环比变化情况
7	实时能耗监测	可对各重点用能单位，工况的能耗情况进行监测分析，能随时了解各区域单位的用能情况，并进行分析指导

二、能耗监管系统的建设目标

能耗监管系统的建设目标如图 5-3 所示。

目标一　实现实时采集各区域单位总电表与下属分电表的用电量数据，以及总电表电量与下属分电表总量的实时对比分析，并可为管理者自动生成日、月、年报表及各种分析对比图，以及实时的电量损耗分析

目标二　实现在线动态用电的分类计量，为今后正确划分生产用电以及办公用电做好准备

目标三　实现在线动态用电的分项计量。实时提供动力、照明、插座、空调、特殊用电的用电量数据，为采取行政手段进行用电控制提供准确的、科学的数据

目标四　增强办公区域用电规范化，给办公人员或办公部门的定额、定量费用提供可靠的数据依据

目标五　利用自动化控制技术，加强用电安全管理，杜绝用电安全事故

图 5-3　能耗监管系统的建设目标

三、能耗监管系统的建设方案

1.平台整体架构

在物业服务企业所管辖区域内设立的节能管理监控中心将现场读取的能源计量数据通过网络（有线、无线、GPRS）传至数据库服务器，物业管理人员、用户依据不同权限可访问数据库服务器，实时查看能耗情况。

采用Oracle数据库进行存储管理，同时方便将来其他系统扩展使用。

2.建设规模

节能监管体系的总体架构由架设在"智慧物业监管系统平台"机房中的服务器（公共资源）、若干个现场采集计量系统组成，各采集计量系统之间通过自行组织的无线网络进行通信，设置于专用节能管理监控中心，由物业服务企业统一安排专人管理。

四、智慧水务管理系统

智慧水务管理系统使用物联网技术、短距离无线网络通信技术及轻量化云平台技术，建设物业服务智慧水务管理系统，将管辖区域水务管理实现智能化、精细化、网络化，达到准确、准时、集中控制等目的，极大地方便了水力资源的管理。

1.系统建设的目的

智慧水务管理系统建设的目的如图5-4所示。

目的一	帮助自来水公司彻底解决抄表难、错抄、漏抄、人情收费、统计复杂等问题，提高时效性和准确性
目的二	实现远程末端压力监测，完善主水管网压力监测平衡系统
目的三	真实地反映各时段用水，为优化供水和提高工作效率提供实时监测数据、分析图标等信息
目的四	提供更加合理的缴费管理功能，减少收费统计人员的工作量，通过网络查询及短信提醒给予用户更加人性化的服务
目的五	减少抄表给用户带来的干扰，使用水管理人员与用户关系更加和谐
目的六	通过实时监测与系统报警功能，为用户用水安全及减少浪费提供保障
目的七	为水资源管理者提供智能化的管理模式，提高工作效率

图5-4 智慧水务管理系统建设的目的

2.智慧水务建设的两个系统

智慧水务建设通常包含2个系统：用户水务综合管理系统、主管网水平衡监测系统。

（1）用户水务综合管理系统。为实现所有的单位/企业以及居民小区总供水管道水表的水量计量与远程抄表以及压力监测，实现多种缴费模式缴费，使水务管理更加智能化、精细化、网络化，并保障供水安全，使水务管理更加人性化，单位/企业需完成智能化水表、智能化无线水表、水质监测仪表、压力监测仪、网络采集设备等现场设备的安装。同时，要完成各服务单位的总水表（压力表）及二、三级水表（压力表）和网络传输设备的安装；服务器机房等的建设则可统一采用"智慧物业监管系统平台"建立起来的公共资源，各单位用户一并搭建好系统云平台。

（2）主管网水平衡监测系统建设。主管网水平衡监测系统建设的目的是保障供水安全及杜绝水资源浪费。该系统建成后应满足如表5-4所示的功能。

表5-4 主管网水平衡监测系统的功能

序号	功能	具体说明
1	3D水管网信息地图	建立3D虚拟水管网地图，把所有水管网在地图上面进行展示，方便查询与管理。并在地图上面实时显示水管网状态，兼备预警报修功能
2	实时监测	（1）实时监测各水表24h用水情况 （2）查询各用水区域某时间段内的用水明细汇总数据 （3）各用水区域用水数据日、月、年的统计报表并打印
3	用水分析	（1）各区域用水分析：包括区域用水对比分析，区域用水逐日、逐月分析，按用水的使用类型、使用属性分析 （2）同比、环比分析：各区域用水同比分析，分为月、季、年同比、环比分析
4	水流量平衡监测分析	通过下级表示数总和与上级表示数之差，发现水流失情况；并通过实时监测数据，发现管网漏水路段；也可通过同路段而不同地点的同级表之差判断该路段的管网是否漏损严重
5	水压力平衡监测分析	（1）一、二级供水管压力实时监测、分析，异常报警，系统自动计算压力衰减是否正常，生成漏点范围 （2）二、三级用水实时监测、分析，异常报警，系统自动计算压力衰减是否正常，生成漏点范围 （3）通过各级压力的实时监测以及系统后台建立的数学模型分析，得出最佳供水管网口径与压力，并通过及时调整，延长水管网使用寿命
6	短信管理	系统自动查找到异常状况，通过短信直接发送信息到管理者，提醒维护处理

五、智慧供热管理系统

1.建设智慧供热管理系统的意义

建设智慧供热管理系统的意义如下。

（1）办公楼实现分时分温供暖。对于物业服务企业管辖区域内的写字楼而言，只需实施上班时间供暖，下班时间和节假日只需进行低温防冻运行即可，由此可节省大量热能。

（2）各建筑物室内设置温度检测。一般供暖用户单位，很少预先安装室内温度采集器，了解户内的实际供暖温度一般都是采用人工上门测量的方式，烦琐之余也会干扰工作。

（3）供暖系统实现计算机设备运行管理。为使供暖系统达到理想的节能效果，需加强管理并加大科技投入。数字化的供暖管理系统将所有需要采集和控制的部分全部集中控制，并集中处理、记录、查询，达到理想的节能效果。

（4）安装分户计量仪表。在支持供热企业按面积收费的同时，支持按面积和热计量两种收费模式。集成热计量表设备的管理和数据采集相关功能，供热企业可以及时调整全网温度，通过动态地调节，既能够保证客户的供热质量，又能够实现节能管理，彻底解决热计量管理的困境。

2.建设智慧供热管理系统的功能

智慧供热管理系统的功能如表5-5所示。

表 5-5　智慧供热管理系统的功能

序号	功能	具体说明
1	抄表管理	（1）自动抄表。抄表管理是热计量收费的数据基础，而自动抄表是热计量收费系统达到自动化的一个主要特征。自动抄表要求热量表为智能热计量表。部署在小区、楼、户的智能热计量表，定时将热计量表的参数发送到中继器，最后由集中器通过GPRS传输到中心服务器 中心服务器已经初始化设置好了客户基础信息和热计量表基础信息，只需要把采集到的信息（累积热量、累积流量、累积工作时间、入口温度、出口温度、采集时间等）保存到关联的客户信息中 （2）手动抄表。对于未集成到系统中或特殊的热计量表数据，也可从原有热计量表厂商处计量数据，或使用热计量收费系统导出的抄表Excel模板，打印出来上门进行抄表，最后用Excel进行热量表数据的导入。最终使所有与客户相关的数据都纳入系统进行统一管理 （3）采集监控。系统根据设定好的采集频率，自动完成数据的采集和入库，并实时地监控集中器、中继器、热计量表的工作状态，对出现故障的设备进行提醒
2	温度控制的设定	在系统软件中可以对每个安装了分户调节系统的区域进行温度设定，温度控制根据"上限温度"和"下限温度"两个参数进行，当高于"上限温度"或是低于"下限温度"时，通过电磁阀调节，使室内温度维持在"上限温度"和"下限温度"之间

续表

序号	功能	具体说明
3	供热模式的设定	（1）时间控制。对于办公楼供热可以设定每天的工作时间，比如8:00～17:30，工作时间之内正常供暖，不在这个时间之内，通过电磁阀调节进行低温防冻方式运行。同时还有节假日、休息日设置的功能，节假日、休息日以低温防冻方式运行 （2）临时规则设置。有时会有一些特殊要求，比如某会议室要求一直开机，某时间段有工作人员加班等，可通过楼栋管理员联系控制中心进行设置，提供额外供暖时间
4	状态查询	在系统中可以清楚地看到每个热计量表的信息，包括表类型、表开启状态、计量单位、直径、生产厂商、生产时间、使用时间、累积热量、累积流量、累积工作时间、末次抄表时间等
5	统计分析	（1）仪表故障分析。同一个热力公司往往会采用多家热量表生产企业的多种类型的热量表产品，这些产品的设计理念、管理方式、产品质量参差不齐。因此在热计量收费系统中，除了实时监控各仪表工作状态之外，对历史采集的数据，还可以根据厂商、表类型、时间区段、故障条件进行仪表故障分析，真实反映出热计量表的安装、通信、供热/回水问题、热量故障、流量监测故障等情况，从而为供热企业未来产品的选型和数据的校正做支持 （2）异常数据分析。系统支持对采集的历史数据进行异常数据自动分析，结合用户热计量表和楼热计量表的数据，提示有问题的仪表设备，分析偏离值比较大的数值，对有问题的数据可以进行校正，让数据切实成为热计量计费的流量数据 （3）热量走势分析。可对单一客户生成热量走势报表，也可查看供热站所管辖的小区和楼的热量走势数据，以及相关整体供热收费和收费率情况 （4）热耗分析。可对同一单元的各个客户进行热量消耗分析，或对某一个客户的热量消耗情况按日期进行走势分析，也可查看供热站所管辖的企业和楼栋的热量消耗情况

3. 建设智慧供热管理系统的建设方案

（1）总体架构。在设立的节能管理监控中心，将管理区域内所属各处现场读取的能源计量数据通过网络（有限、无线、GPRS）传至数据库服务器，管理人员依据不同权限可远程访问数据库服务器，实时查看能耗情况。

采用Oracle数据库进行存储管理，同时方便将来其他系统扩展使用。

（2）建设规模。智慧物业供热管理系统的总体架构由架设在"智慧物业监管系统平台"机房中的服务器（公共资源）、若干个各企业现场采集计量系统（含热量表）、控制单元（含可控电磁阀）组成，各采集计量系统之间通过自行组织的无线网络进行通信。

六、智慧供气管理系统

智慧供气管理系统使用物联网技术、短距离无线网络通信技术及轻量化云平台技术，建设物业服务智慧供气管理系统，将管辖区域内供气管理实现智能化、精细化、网络化，达到准确、准时、集中控制等目的，极大地方便了供气资源的管理。

1.系统主要功能

（1）帮助供气公司彻底解决抄表难、错抄、漏抄、人情收费、统计复杂等问题，提高时效性和准确性。

（2）真实地反映各时段用气，为提高工作效率提供实时监测数据、分析图标等信息。

（3）提供更加合理的缴费管理功能，减少收费统计人员的工作量，通过网络查询及短信提醒给予用户更加人性化的服务。

（4）减少抄表给用户带来的干扰，使用气管理人员与用户关系更加和谐。

（5）通过实时监测与系统报警功能，为用户用气安全及减少浪费提供保障。

（6）为用气资源管理者提供智能化的管理模式，提高工作效率。

2.智慧供气管理系统的两大子系统

智慧供气管理系统建设包含2个子系统：用户用气综合管理系统和主管网气平衡监测系统。

（1）用户用气综合管理系统。建设用户用气综合管理系统的目的是实现所有的用户总供气管道与各级分支气表的气量计量与远程抄表，以实现多种模式缴费，使供气管理更加智能化、精细化、网络化，并保障供气安全。

为实现上述功能，将在用户总供气管道及各级分支上进行用气计量设备安装，完成智能化气表、智能化无线气表、网络采集设备等现场设备的安装，同时完成网络传输设备、服务器机房等的建设，并搭建好系统云平台。

（2）主管网气平衡监测系统建设。主管网气平衡监测系统建设的目的是实时监测供气主管网的气量平衡及压力平衡，及时发现管网破损泄漏现象，保障供气安全及杜绝资源浪费，其主要功能如表5-6所示。

表5-6 主管网气平衡监测系统的功能

序号	功能	说明
1	3D气管网信息地图	建立3D虚拟气管网地图，把所有气管网在地图上面都进行展示，方便查询与管理。并在地图上面实时显示气管网状态，兼备预警报修功能
2	实时监测	用气实时监测，实时监测各气表24h用气情况

续表

序号	功能	说明
3	用气明细查询	查询各用气区域某时间段内的用气明细汇总数据
4	用气统计	各用气区域用气数据日、月、年的统计报表。支持数据导出和打印功能
5	用气分析	包括区域用气对比分析，区域用气逐日、逐月分析，按用气的使用类型、使用属性分析
6	同比、环比分析	分为月、季、年同比、环比分析
7	气流量平衡监测分析	通过下级表示数总和与上级表示数之差，发现天然气流失情况；并通过实时监测数据，发现管网漏气路段；也可通过同路段而不同地点的同级表之差判断该路段的管网是否漏损严重

第三节
智慧排污处理监管系统

一、智慧排污处理监管系统的功能

智慧物业排污处理监管系统是一套完整的、先进的、可靠的和可扩展水质自动监测系统平台产品，系统应满足的功能如下所示。

（1）现场实时监测原始数据的查询、偏离修正、监测数据有效性审核、预报数据录入。

（2）监测数据历史记录的维护。

（3）GIS电子地图实时显示水体污染变化趋势，在线监测采样参数包括COD、BOD、氨氮含量、pH值等一系列数据。

（4）结合历史数据生成水体污染指数曲线图。

（5）监测数据异常分析、软件报警、实时通过短信通知报警信息。

（6）各种数据汇总报表、统计报表、上报表格，包括特殊格式报表。

（7）默认、自定义监测采集方案维护。

（8）现场自动采样器操作。

（9）现场样本试验数据录入、与自动监测数据对比、偏离报告。

（10）现场维护记录。

(11) 监测站点、监测项目等基础信息自由配置、兼容性好。
(12) 人员权限分配。
(13) 数据备份。
(14) Web用户认证、权限分配及其Web访问统计情况等。

二、智慧排污处理监管系统的特点

智慧物业排污处理监管系统应具有如图5-5所示的特点。

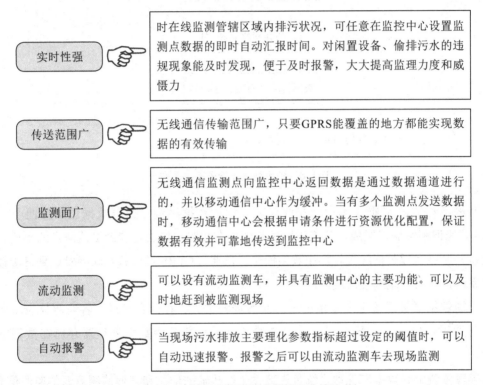

图5-5 智慧物业排污处理监管系统的特点

三、智慧排污处理监管系统的结构

排污处理监管系统包括采配水装置、预处理装置、在线监测分析仪表、数据传输装置以及中心控制系统，其结构如图5-6所示。

污水采集系统包括潜入式污水取样泵、采水管道、清洗配套装置、防堵塞装置等，为确保在线监测系统的监测频次，应采用双回路采水，一备一用，而且在控制系统中宜设置自动诊断泵故障及自动切换功能。

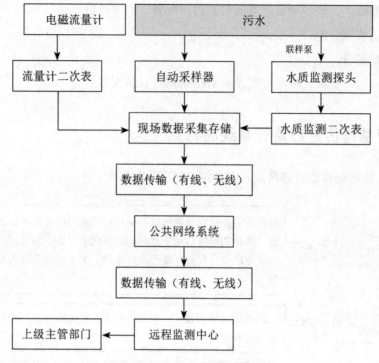

图 5-6 排污处理监管子系统结构

监测点由监测水质及流量的在线仪表、远程数据终端（监测数据记录黑匣子）和 GPRS 无线调制解调器组成。其工作原理是现场在线监测仪表连续测量监测点的水质和污水流量并通过远程数据终端转换成数字信号，再通过 GPRS 网络和互联网发送到终端数据采集系统，从而实现远程在线监测。

现场数据采集系统主要承担现场监测数据的采集、存储和发送，各监测仪表将测量的信号通过特定工业现场总线技术传送给数据采集器并由数据采集器存储在数据寄存器中。

远程监测中心数据库管理系统负责接收子站传输的信息和其他监测点源的监测信息；对监测信息分类、筛选和综合分析；完成数据的统计、运算、处理，能自动生成各种报表；能存储、显示、记录、打印、统计并能实现与上级主管部门联网。系统支持工业自动化控制协议及通信协议，可显示现场仪器的实时状态并对现场仪器的各项参数进行远程设定。

系统软件是整个监测网络的"大脑"，可进行指示灯状态显示、虚拟仪表数码显示、动态曲线跟踪、历史曲线查询等，并可根据事先设定的监控范围对累计流量、断流时间、过流时间、TP、TN、COD、NH、SS 等指标进行监控，具有实时监控、参数配置、输出统计、异常处理、查询和系统管理各项功能。

第四节 智慧灯杆系统

一、何谓智慧灯杆

智慧灯杆是在路灯杆的基础上集成无线基站、Wi-Fi（无线网络）设备、传感器、视频监控、RFID（射频识别）、公共广播、信息发布等多类感知设备，如同城市的"神经末梢"，对信息充分采集、发布、传输，形成一张智慧感知的网络，可实现智能照明、智能安防、无线城市、智能感知、智慧交通、智慧市政等诸多应用，其工作原理如图5-7所示。

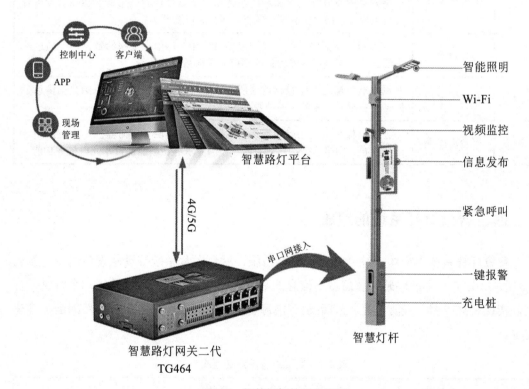

图5-7 智慧灯杆的工作原理

二、智慧灯杆系统的优势

在传统照明功能上，智慧灯杆可根据光感控制路灯的开启，特别是极端天气下，可根据天气的状况自行开启和关闭。同时，智慧灯杆还能最大限度地减少能源损耗，采用智能化控制策略后节能可达60%。相比以往的单一路灯，智慧灯杆利用5G技术安装了智能控制器，集供电网络和控制为一体进行升级，实现多功能合一，提高小区公共资源建设的利用效率，更为便捷、高效。

三、智慧灯杆系统的架构

从智慧灯杆系统架构来看，智慧灯杆由设备感知层、网络通信层、数据汇聚层、平台应用层四部分构成，如表5-7所示。

表5-7 智慧灯杆系统的架构

序号	系统架构	具体说明
1	设备感知层	设备感知层是指摄像头、传感器等传感设备和技术，可实现对智慧灯杆解决方案中所有终端设备的全面感知。智慧灯杆所应用到的感知层设备有安防摄像头、LED显示屏、环境监测相关传感器等
2	网络通信层	通过网络通信层，设备感知层可以将相关的信息上报给数据层。通过网络层，设备感知层也能够接收相应的操作指令并执行
3	数据汇聚层	网络通信层之上是数据汇聚层，该层将感知层获取到的原始数据信息，如温度、湿度、噪声、监控视频等进行数据融合处理
4	平台应用层	智慧灯杆平台应用层功能包括了路灯照明监测、安防监控、环境监测、信息发布、网络广播、一键报警、LED显示屏、新能源汽车充电桩等功能

四、智慧灯杆系统的组成

智慧灯杆系统由杆体、综合机房、供电系统、后台运营系统等设施设备组成，如表5-8所示。建立一个能够感知智慧城市信息的基础设施网络，并通过运营管理平台统一管控，实现智慧照明、安防监控、5G通信、能源管理等多种应用服务需求及后期维护管理需求。

表5-8 智慧灯杆系统的组成

序号	组成部分	具体说明
1	杆体	智慧灯杆杆体由悬臂、底座式机箱等部分组成，作为挂载设备的安装载体，底座式机箱用于放置光缆终端盒、智能网关、监控单元及交、直流配电单元等设备
2	综合机房	综合机房综合接入智慧灯杆各类业务数据的通信设备所在的机房，负责把各类业务数据的信息流由智慧灯杆连接到管理平台。要注意的是，电力荷载设计应当避免重复扩容带来的投资及运行成本浪费问题

续表

序号	组成部分	具体说明
3	供电系统	供电系统主要是用来为机房设备、挂载设备等提供电源和备电服务的。远程电源控制模块，可设置在灯杆内或综合机箱内，具体位置要看实际项目情况而定。此外，供电设计还需要综合考虑各挂载设备的用电负荷，根据具体情况进行适当调整
4	后台运营管系统	智慧灯杆系统通过前端设施设备的挂载搭配后台运营管系统，能够有效实现智慧照明、视频监控、无线Wi-Fi、智慧交通、信息发布、环境传感监测、新能源充电等功能

五、智慧灯杆系统的功能

路灯承担照明和智慧外设搭载载体的作用，在智慧物业建设中加以利用，可以节约成本，美化环境。以灯杆为载体，实现的智能化应用包括如图5-8所示的内容。

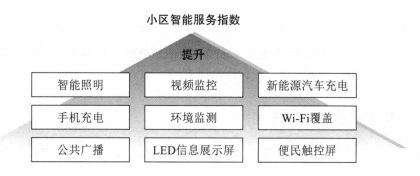

图5-8 智慧灯杆系统的功能

1.智慧灯杆实现社区安防智能化

智慧灯杆上安装视频监控，实现人脸识别、车辆识别、视频深度分析等，让小区安防更智能。

2.智慧灯杆实现小区公共广播

智慧灯杆的IP广播系统可以播放音乐和通知，以及用于寻呼和强行插入灾害性事故紧急广播，语音驱赶，震慑暴徒等，为小区居民守得一片安宁。

3.智慧灯杆实现LED发布

通过智慧灯杆上的信息屏，发布小区停电停水通知、小区文化宣传、停车库诱导信息等,也为小区周边的商铺提供广告展示服务,发布最新的优惠信息、活动信息等。管控平台需发布的信息,可以通过智慧灯杆网关发送到各智慧灯杆的LED屏,实现远程发布、集中发布、实时发布等。

4. 智慧灯杆实现一键报警

居民如遇突发情况,可迅速拨通110报警电话,智慧灯杆网关具有GPS定位功能,可以协助公安部门根据GPS定位即刻知道报警地点。

5. 智慧灯杆实现小区微环境实时监测

创造良好人居环境,小区噪声、PM2.5、扬尘、烟雾、温湿度等通过智慧路灯杆进行实时监测。环境传感器采集的数据通过智慧灯杆网关发送到各管理部门实时进行监测与管理,可以实现多中心同步无线传输。

6. 智慧灯杆实现小区照明智能化

通过智慧灯杆网关以及智慧灯杆管理平台,可实现路灯远程集中控制与管理,根据小区人流量、车流量自动调节亮度,远程控制照明亮度,故障主动报警,大幅节省电力资源,提升公共照明管理水平,节省维护成本。

7. 智慧灯杆实现智能充电桩

通过智慧灯杆网关,为充电桩平台管理、充电付费、第三方付费接入等提供稳定的无线通信支撑。

六、智慧灯杆系统的应用

通过在物业服务企业所管辖区域内部架设智慧灯杆,除了可以实现城市街道灯杆所具有的功能外,还可以进行相应功能的扩充。

(1)充电桩功能,解决小区内充电位不足的问题,同时具有计费功能,根据使用情况进行计费。

(2)一键报警装置,出现突发状况,物业、管理人员可以第一时间处理。

(3)人脸识别功能,可以根据设置,定时定点或者全天候拒绝未经允许的非本小区人员进入小区,保障小区人员安全。

(4)Wi-Fi功能,满足小区人员的短暂出门网络使用需求,同时也方便小区管理人员随时随地处理相关情况,如图5-9和图5-10所示。

图5-9 小区内安装的智慧灯杆

图5-10 灯杆中下部安装有一键呼救等多功能智能化设备

【案例】▶▶▶

××小区智慧灯杆规划方案

1. 小区概况

方案实施区域为××新城，定义为商业中心、高端居住中心、生态中心，打造国际中央居住区。方案试点路段，位于住宅小区中央的市政道路，为双车道道路，路宽约30m，试点路段全长约1100m。

2. 杆件规划

采用新材料、新技术、新工艺，可设计不同杆体造型，杆体表面防腐蚀、防变色，坚固耐用。

杆体具有以下特点。

（1）集成度高：集成各类物联硬件，采用一体化的管理平台，将灯杆内各设备功能模块实现"嵌入式集成"，由统一的管理平台进行管理，同时根据实际应用场景可以实现各个功能模块之间的联动。

（2）扩展性强：采用模块化设计，可快速加装、更换、拆卸，维护便捷。预留其他接口，便于将设备连接到其他管理部门。

综合以上特点，给出A、B、C三种智慧灯杆选型。

智慧灯杆A：高12m，可搭载照明、通信设备、交通信号灯、路牌、导向牌及监控等设施，接口预留，其他设施可根据需要搭载。

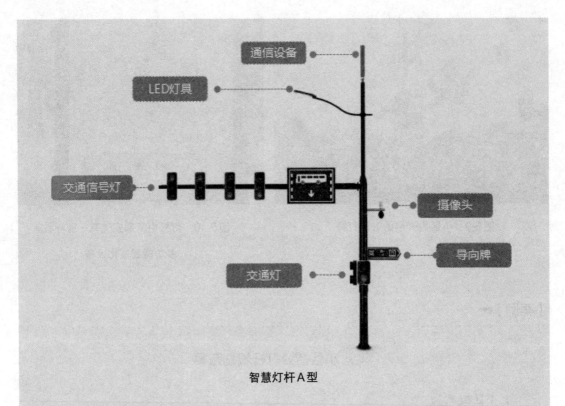

智慧灯杆A型

智慧灯杆B、C：高9~11m，可搭载照明、通信设备、LED屏幕、监控等设施，接口预留，其他设施可根据需要搭载。

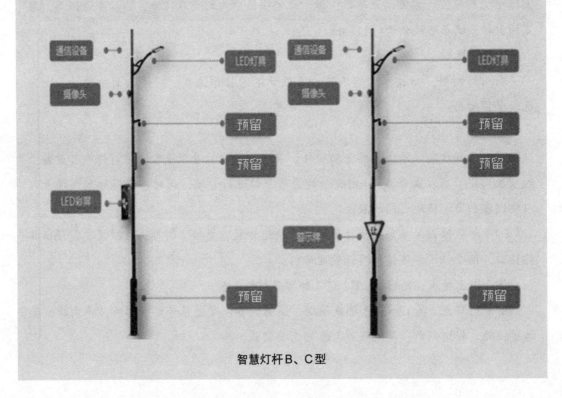

智慧灯杆B、C型

3. 点位规划

智慧灯杆以照明、交通信号杆为基础功能载体，分三个路段进行点位规划，A、B 路段四车道间距 22~35m 双边布置，C、D 路段双车道 25m 间距单边布置。

其中，A、B 路段（四车道）布置 45 根（10m 灯杆 43 根、12m 灯杆 2 根），按 22~35m 间距双边布置。C 路段（双车道）布置 12 根（11m 灯杆），按 25m 间距单边布置；D 路段（双车道）布置 11 根（9m 灯杆），按 25m 间距单边布置。总布置智慧灯杆 68 根，新建一个综合机房。

4. 通信基站规划

为了缓解通信容量需求不断上涨与通信基站建设密度不够的矛盾，改善信号覆盖状况，利用灯杆架设基站将是一个有效的措施。本方案是以城市路灯灯杆为载体，将通信基站天线融合设计到杆体中，形成节约资源、外形美观、集成度高的新一代移动通信基站，主要针对 4G 网络覆盖以及 5G 的预留。

本方案每隔 200m 预留一根智慧灯杆供电信企业使用，由于通信运营商拥有自己独立的通信网络，只提供光纤通至综合机房。供电则用智慧灯杆提供的电源端子。

经现场勘察试点区域，结合周边基站布局情况，综合考虑运营商的需求情况，拟新增通信功能智慧灯杆布局如下。

试点区域市政道路通过智慧灯杆的微型基站部署满足小区外围的路面以及沿街商铺的无线覆盖，满足 5G 演进，解决智慧小区无线通信、手机上网、"物联网＋应用"回传链路等一系列问题。

5. 其他模块规划

（1）交通指示在路口、路中位置设置；交通灯在路口位置设置。智慧交通系统的建设可以让驾驶人员在区内通过智能引导系统能够安全地、快速地到达目的地。

（2）视频监控：在路口、小区出入口位置设置。通过视频监控系统，实现交通流量的实时监测，进而开展智能化的交通诱导和停车诱导，有助于改善道路交通环境，提高交通运行效率，保障城市畅通有序。

（3）LED 屏：每三根智慧灯杆预留一个位置供 LED 屏安装使用。LED 屏可实时播放社区信息，将社区建设、社区形象、旅游景点、文化品位等信息及时发布和宣传出去，使每一个人都够直观、全面地对当地进行细致了解。

第五节

智慧供配电管理系统

一、何谓智慧供配电管理系统

智慧供配电管理系统是基于在高/低压配电柜、变压器原有的综保、电气火灾探测器等检测设备的基础上增加无线测温探测器、智慧用电安全探测器、烟感报警器等智能监控终端，通过移动互联网接入云平台，建设用户、运维商智慧配电运维管理系统。借助手机APP、电脑Web或监控中心大屏，实现对配电系统的智能化安全监控与运维管理，如图5-11所示。

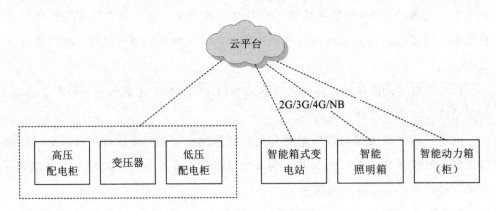

图5-11 智慧供配电管理系统

该系统架构完全遵从分层分布式体系，共分三层：现场感知层、数据传输层、平台应用层。

1.现场感知层

由处于现场传感层的各类设备安全状态传感器、探测器、采集器、智能检测终端或第三方仪器仪表类智能设备等，完成现场电流、电压、电量、漏电电流、温度、故障电弧等电力参数及状态参数的采集。

2.数据传输层

现场总线有线或无线通信网络与集中器等网关设备将感知层采集到的信息上传到云平台。

3. 平台应用层

实现与现场设备安全监控子系统的互联互通，通过信息的集中处理、趋势分析、故障预测及维护决策，包括设备运行状态、电能的能效分析及节能措施，给用户、运维商提供远程计算机、手机等智能终端上的业务服务，最终形成完整的智能配电运维管理系统。

二、智慧供配电管理系统的功能

采用人工巡检的供配电运维，只能以肉眼发现问题，不仅被动低效，而且难以保证业务的实时性和连续性。为解决上述难题，智慧供配电管理系统应运而生，其"智慧化"具体表现在如图5-12所示的几方面。

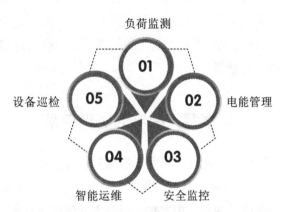

图5-12　智慧供配电管理系统的功能

1. 负荷监测

基于安全云表、智能采集终端实时采集上传的供配电系统负荷数据，通过智慧供配电监管服务平台对负荷数据的存储、分析与处理，提供周期负荷历史、实时变化曲线、峰谷负荷参数展示，实现监测数据的融合分析评估。

2. 电能管理

基于能效大数据，周期提供用电量、负荷变化、三相不平衡、变压器损耗等相关用电信息分析报告；动态分析项目整体及重点用电回路和用能设备的能效情况，便于采取节能措施。智慧供配电管理系统截图如图5-13所示。

3. 安全监控

全面云端化监测电气设备的电力参数、运行参数、安全状态及环境数据，实时进行大数据的诊断分析及趋势预估，越限预警、故障报警，随时随地掌握设备安全运行状况，提前预知电气故障隐患并提供合理化的维护建议，防患于未然。

图5-13　智慧供配电管理系统截图

4. 智能运维

通过安全云表、智能传输终端等，在实现电气安全监测的基础上，配置视频、烟感、门禁、温湿度传感器、电子身份标识，实现环境温度监测及供配电系统运维云端化管理。

5. 设备巡检

巡检人员巡检时通过手持PDA终端及手机APP接收巡检任务，对供配电设施展开逐一向导式RFID巡检，检查完成后，将结果上传到平台。通过扫描RFID标签二维码，可获取该消防设施的详细检查记录。系统同时提供了重点部位的检查标准，解决了巡检人员"不会查""不愿查"的问题。让巡检明确到人，精确到事。巡检结果可轨迹再现，方便巡检监督。

三、智慧供配电的实现效果

（1）实现区域供配电的监控及配电室环境监测的智能化与管理云端化。

（2）"线上监控+线下运维"相结合，建立专业的平台值守中心，实现对区域供配电的线上云端化集中监控；组建专业的线下运维队伍，提供现场的维保及维修。

四、智慧供配电管理系统的应用

1. 智慧配电室

智慧配电室主要是在高压柜、变压器及低压柜智能化的基础上，通过实时采集电气设备数据、动力环境数据，同时利用互联网将实时数据传输至云平台，实现24h在线安全监控、智能运维及能效管理等基本功能和高级应用服务，为用户提供全面的配电房智能管理一体化解决方案。

（1）智慧高压柜。高压柜配置1台安全云表（与若干无线测温传感器配套），即可实现高压柜电气量、电能量、状态量及开关电气接头甚至电缆接头温度的综合监测与平台上传；粘贴1张电子身份证标签，结合手机APP，即可实现高压柜的整体智能化与管理云端化。

（2）智慧变压器。变压器高低压进出线三相接头位置安装6个无线测温传感器，与高压出线柜上安装的安全云表配套，即可实现变压器电气接头温度的综合监测与平台上传；粘贴1张电子身份证标签，结合手机APP，即可实现变压器整体智能化与管理云端化。

（3）智慧低压柜。对于单回路低压柜，对应配置1台安全云表（外接低压测温传感器），直接上传云平台；对于多回路低压柜，各回路对应配置1台电气安全监控仪表（外接低压测温传感器），再通过独立配置的1块无线数传终端，统一集中上传云平台。实现低压柜电气接头温度、电气量、状态量及电度量的综合采集与平台上传；粘贴1张电子身份证标签，结合手机APP，即可实现低压柜的整体智能化与管理云端化。

2. 智慧箱式变电站

箱式变电站设备包含高压柜、变压器及低压柜三部分，其中高压柜选用安全云表（与若干无线测温传感器配套）、变压器进出线接头部位配置无线测温传感器、低压柜进出线回路配置电气安全监控仪表（外接3个低压测温传感器），经现场总线统一与无线数传设备连接，实现高低压电气及变压器的接头温度、电气量、状态量及电度量的综合采集与平台上传；并外贴1张电子身份证标签，结合手机APP，即可实现箱式变电站的整体智能化与管理云端化。

第六节
景观智能照明控制系统

一、何谓景观照明亮化

1. 景观照明的定义

景观照明亮化是指既有照明功能，又兼有艺术装饰和美化环境功能的户外照明工程。景观照明通常涵盖范围广、门类多，需要整体规划思考，同时兼顾其中关键节点，如小景、建筑等个体的重点照明。

2. 景观照明的对象

一般景观照明对象包括建筑物或构筑物、广场、道路、桥梁、机场、车站、码头、名胜古迹、园林绿地、江河水面、商业街和广告标志以及城市市政设施等，其目的就是利用灯光将照明对象的景观加以重塑，并有机地组合成一个和谐协调、优美壮观和富有特色的夜景图画，以此来表现一个城市或地区的夜间形象。

二、景观智能照明控制系统的设计要求

1. 应采用灵活的时间控制方式

景观智能照明控制系统应采用灵活的时间控制方式，可以实现预约控制和分时控制，

并具备设置多种时间方案功能,来实现对每一个回路灵活的控制;预设多种时间控制模式,包括普通模式、按经纬度日出日落开关灯模式、节假日模式、周循环模式、二次开灯模式。系统可以选择自动巡测、手动巡测和选测三种模式。

2.应具有设备分组功能

景观照明控制具有设备分组功能,可按路段或区域对设备进行分组,从而实现分组控制。系统具有健全的报警处理机制,报警内容包含:白天亮灯、晚上熄灯、配电箱异常开门、电压电流越限、回路缺相、回路断路和线路停电等故障;当警报发生时,系统会及时向指定手机用户发送信息。

3.应支持智能手机、平板、计算机等多种智能平台

景观智能照明控制系统支持智能手机、平板、计算机等多种智能平台通过网络接入系统进行开关灯操作、方案设置和设备状态查询。系统支持多种组网以及通信方案的选择,可支持GPRS无线通信方式、以太网通信方式、光纤通信方式等。

三、景观智能照明控制系统的功能要求

景观智能照明控制系统的功能要求如表5-9所示。

表5-9 景观智能照明控制系统的功能要求

序号	功能模块	具体说明
1	远程智能监控	使用计算机、手机、平板等智能终端对景观亮化灯具以及控制器的工作状态进行远程监控。景观亮化照明控制方案提出"四遥"功能 (1)遥测,即远程采集回路的开关状态等信息 (2)遥控,即远程控制现场灯具的开关状态,包括手动开关、模式开关和预约开关 (3)遥信,即远程传输设备运行数据、故障数据、提醒数据、预警数据等信息 (4)遥调,即远程对现场设备参数进行调整、设置
2	场景控制	可根据需要预设多种灯光场景,例如平时模式、假日模式和重大节日模式等。重大节日模式可以开启所有的景观亮化以增添气氛,而平时模式则可以仅开启少量的景观灯和路灯以减少能耗
3	时间方案控制	支持日期时间方案、经纬度时间方案和周时间方案,每种时间方案都配有自定义的场景模式。可预设开关灯时间,也可以按照当地的日出日落时间执行开关灯
4	分区分组控制	可按路段或区域对控制器设备进行分组,对不同的路段或区域进行独立控制

续表

序号	功能模块	具体说明
5	电子地图管理	在电子地理地图上对终端设备进行添加、删除、修改、参数设置和开关灯操作
6	故障报警	包括白天亮灯、晚上熄灯、设备掉电、接触器故障等异常报警。故障发生时，主动向管理人员发送报警信息
7	高级存储功能	景观照明控制器内置程序、时钟、时间表、场景模式、历史记录、报警等高级存储功能
8	远程抄表和设备拓展功能	景观照明控制器提供不同的通信接口，支持规约电表抄表和外接其他通信模块
9	分级用户管理权限	景观亮化照明控制系统为不同级别的人员提供独立的用户管理界面，区别管理权限

四、景观智能照明控制系统的组成

景观照明路灯集中管控系统是基于网络平台软件、互联网络技术、2G/3G/4G 移动互联网络技术、LonWorks 电力载波通信技术、传感器技术、自动控制技术等多种服务网络和多种技术架构的有机结合。通过网络平台实现城市公用照明的数字化、智能化、智慧化的管理，是智慧物业不可分割的一个子系统。系统由管控中心、通信网络、智能路灯控制器（集中控制器或监控终端）、单灯监控、电缆防盗五部分构成。

1.管控中心

系统建设一个集中管控中心，管控中心的核心是管控软件。管控软件通过互联网络、2G/3G/4G 无线网络与配电箱内安装的智能路灯控制器和灯杆里安装单灯控制器、电缆防盗设备建立实时的互访通道，实现景观照明路灯的数字化集中管控。

管控软件可记录整个管辖区域内照明设施的基础数据，包括照明设施的分布位置、名称、配电箱电气结构、照明线路具体输送地方、功率负荷、照明路灯的安装位置、类型等参数，为今后维护、定位、排查故障提供历史依据。管控平台软件日常实时远程遥测、遥控、遥信、遥调全部照明设施的电压、电流、功率、用电量、单灯运行状态、电缆运行状态等数据，自动分析、判断、预测和显示故障，当监测到故障时会主动发出报警声响和发出报警短信。

系统管理人员根据管辖范围内不同道路的照明需要，通过管控平台为其量身制定开关灯预案和发布开关灯预案。

系统管理人员可以在获得中心合法授权的情况下，通过智能手机安装的专用照明监控APP客户软件访问中心服务器，获取照明设施运行状况，也可直接下达各项照明控制指令。

2. 通信网络

照明智能集中管控系统属于集散分布控制网络系统，其通信方式的选择决定着初期的建设成本和后期安装维护成本，也决定着设施今后的可维护性和可扩展性。根据上述实际情况，采用无线公网通信方式是照明集中管控的最优选择。

3. 智能路灯监控

智能路灯控制器也称集中控制器或监控终端，安装在照明配电箱中，通过自身配备的2G/3G/4G无线通信设备与管控中心软件连接，实现照明智能化远程管控。智能路灯控制器通过传感器实时采集照明设备的电压、电流、电量等数据，监测交流接触器、断路器、熔断器等保护器件的运行状态，并将监测数据上传至管控软件分析、处理和显示。

管控中心根据景观照明路灯的照明需要，为其量身制定开关灯时间预案，如景观照明智能监控终端执行当日光照仪测定的光照值和地处经纬度计算的日出日落时间，照明智能监控终端可根据季节和天气变化自动修正每天的开关灯时间，保障景观照明路灯每天获得精确的亮灯时间，同时管控中心根据夜间道路照明的需要和照明路灯实际分布情况，实行半夜灯控制模式，通过制定合理的亮灯时间，有效杜绝照明早开晚关事情的发生，免去烦琐的人工调校工作，通过管控系统精确控制获得最佳节电效率。

4. 单灯监控

单灯控制器安装在灯杆底部的检修孔内，串接在照明电缆和照明路灯之间。单灯通信基于LonWorks电力载波技术设计，利用原有路灯电缆作为通信线路，与照明配电箱安装的智能路灯控制通信，实现每盏路灯的监控。

5. 电缆防盗

照明配电箱负责照明灯杆的供电和开关灯控制，白天照明电缆都处于断电状态，有些不法分子白天将照明电缆割断，夜间拖走。因此电缆防盗监测必须具有全天候（24h）有电、无电状态下的电缆实时监控。

防盗系统由防盗主机和防盗末端构成。

（1）防盗主机安装在照明配电箱中，中心可远程设置防盗主机的报警灵敏度、报警开关、报警次数、报警手机号码，防盗主机软件具有较高的灵活性，可有效降低系统的误报率。防盗主机还具备现场报警声响驱动、线路断路状态指示、现场报警参数修改等功能，极大地满足现场操作需要，具有完善的产品设计。

（2）防盗末端采用无源工作模式，安装在电缆末端。

【案例】▶▶▶

××广场景观照明解决方案

一、方案简介

××广场景观照明控制方案采用由控制器设备、智能终端和服务器平台组成的无线智能照明控制系统，通过计算机、手机、平板等智能终端对广场照明实现远程智能监控、远程诊断维护、远程集中管理。

二、方案概述

××广场景观照明控制方案为广场照明准备了自定义的场景功能，当遇到节假日、重大活动日、人流量高峰期等特殊情况，用户可通过计算机、手机、平板等智能终端对广场照明进行远程控制，一键切换到预设的灯光场景，大大增强了操作的时效性和安全性。同时，××广场照明控制方案把楼体亮化照明纳入城市广场智能照明控制系统中统一管理，协调工作，营造出美轮美奂的广场夜景。

三、系统功能

略。

四、方案优势

（1）使用计算机、手机、平板等智能终端实现远程监控，大大提高广场照明系统的管理效率，同时杜绝强电开关对操作者产生的安全隐患。

（2）灵活的时控机制配有自定义的场景模式，能够对广场上数量众多的照明设施进行分组分区域管理，为城市广场照明提供丰富美观的灯光效果。例如重大活动模式开启广场上所有的景观亮化来营造气氛，而平时模式则开启主照明和少量的景观照明以节约电能。

（3）对于大多数广场来说，广场照明控制方案可根据每天不同的时间段迎来不同的人流量，自动开关广场照明灯，始终保持需要的照明，同时减少不必要的电能消耗。例如商业广场，晚上六点还有霞光，可自动开启主照明方便通行。到晚上七点时人流量逐渐增加时自动开启所有的景观亮化照明，以吸引顾客光临。至晚上十一点时商场停止营业，自动关闭所有的景观亮化照明，仅保留广场的轮廓照明以节约能源。

（4）一旦现场照明发生故障，智能控制系统将准确定位，自动报警，管理人员借助智能终端远程排查。健全的故障报警功能和远程维护手段省去了人力巡检工作，减轻了工作人员的劳动强度，降低了维护成本。

（5）在满足灯光效果的前提下，通过智能控制系统的时控机制和场景功能合理地开关照明灯，或使用计算机、手机、平板等智能终端快速调整照明状态，在不需要照明的时候及时关闭相应的灯光，大大降低商业广场的照明能耗。

（6）广场照明控制方案把楼体亮化照明纳入城市广场智能照明控制系统中统一管理，即楼体亮化照明远程控制系统与城市广场智能照明控制系统合二为一，提高管理效率，轻松实现不同功能照明的协调统一。

（7）广场照明控制方案采用无线通信技术，无需布线，安装简单，避免地面布线不美观，地下布线不方便，同时减少了施工工期和成本。

第六章
智慧物业设备管理系统

第一节
智能设备运维系统

一、何谓智能设备运维系统

智能设备运维系统是为提高设备运行效率，降低运维成本，全程监督运维工作，建立主动运维的管理模式，推出的以集数据监控、工单系统、报表知识库、大数据中心为一体的综合设备运维管理平台。

二、智能设备运维系统的特点

基于移动互联的智能运维管理系统是以设备台账和物资管理为基础，以工单系统为核心，把维保、绩效、知识库等动态管理结合起来，以降本增效为总目标，借助移动互联技术和物联网技术，解决手工管理模式下不可避免的诸如统计工作繁重、信息重复摘录保存、信息传递困难等问题，实现物业服务企业智能运维管理的各项职能。业务流程可下连现场工程师，上连部门主管、领导，针对每个运维相关人员都有一套完整工作闭环的流程，如图6-1所示。

图6-1　运维人员检修设备

三、智能设备运维系统的优势

智能设备运维系统具有如图6-2所示的优势。

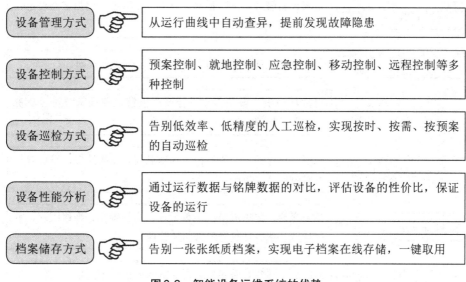

图6-2 智能设备运维系统的优势

四、智能设备运维系统的功能

智能设备运维系统具有如图6-3所示的功能。

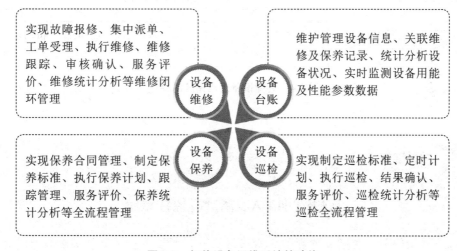

图6-3 智能设备运维系统的功能

五、智能设备运维系统的模块

智能设备运维系统的模块构成如图6-4所示。

基础数据	仪表设备管理、采购管理、分类分项管理、用能定额设定、用户管理、权限管理
用能查询	包括分类分项能耗查询、设备能耗查询、能耗对比
智能报警	对能耗超限、设备异常进行及时报警,并推送至对应负责人,及时处理
实时监控	包括空调监控、照明监控、环境监控、安防监控,发现异常及时响应联动机制
设备报修	故障报修、集中派单、工单受理、执行维修、维修跟踪、审核确认、服务评价等维修闭环管理
自动抄表	系统自动采集设备参数数据,取代人工抄表的烦琐工作,减少误操作,提高工作效率
设备保养	制定保养标准、执行保养计划、跟踪管理、服务评价、保养统计分析等全流程管理
租户收费	根据结算周期,自动准时、准确地推送收费账单,对预付费用租户实时提醒余额,提高物业管理水平
报表分析	按照分项、设备等方式对周、月、季、年多维度分析用能情况

图6-4 智能设备运维系统的模块

相关链接

万科物业EBA设备远程监控系统

设备设施的管理是物业管理的核心内容之一,管理的优劣直接影响住户的生活,影响到社区、房屋本体的价值体现。如今,各类设备的数量倍增,相应地复杂度不断增加。与之相对应的是:设备维护保养部门项目管理分散,现场巡视抄表耗费大量时间,投入产出比不断降低;设备维护技术人员技能呈下降趋势,其实际工作量、绩效难以评价,人员招聘难度加大。所有的这些问题,导致设备设施以养为先的维护模式和预防管理未能得到切实的执行。在此背景下,万科物业的物业设备远程监控管理系统应运而生。这个系统源自智能楼宇监控系统（BA），由于有远程自动监控的内涵，简称为EBA。2012年这一技术获得国家专利，是中国物业管理行业中诞生的第一个国家专利。

EBA有助于提升设备经济运行管理和预防性管理能力，提升内部运作效率，整体设计有四个核心功能。

第一，对小区各公共区域、设备房及设备房内的各个设备进行远程数据采集、控制、报警、输出设备巡查记录与应用。

设备运行状态和参数的实时采集和记录存储，涵盖供配电、给排水、消防、空调、电梯、环境等类别。不再需要人工抄表，同时也减少人工巡查设备的工作量和频次。

设备数据异常自动判断，超过设定的预警和报警阈值自动报警至手机或邮箱等，定时自动巡检，实现对故障的快速响应，及时发现设备问题，确保设备安全正常运行。

通过数据积累分析，实现对水、电、空调、照明等的精细化能源管理；逐步形成预防数据，预测使用寿命，定期向管理者推送管理报表，实现可视化管理，积累和满足物业管理的未来需要。

通过自动收集天气预警信号，自动启动应急预案，提高应急响应速度。

实现对环境的监测和对设备远程控制、远程调试，包括环境温度湿度、风机状态、二氧化碳、甲醛、PM2.5等。在诸多城市环境持续恶化的背景下，这一功能延展可以提升业主居住的舒适度和健康管理水平。传感器检测到数据，如超标则自动启动楼宇新风系统或空气过滤系统。实现对居住楼栋的空气质量管理或重要场所的空气质量管理。

第二，实现技术人员的智能集中调度。由维保计划、故障报警、会议决议、设备检查等渠道收集的报修或巡检需求自动汇集到工单池；通过二维码签单及GPS定位获知技术人员当前位置、当前任务情况，得到人员可调度状态。通过相关技术人员的专业类别、专业等级、技能标签、可调度状态，结合工单池情况，调度中心进行任务派发。维保或巡检任务完成后，通过手机APP及呼叫中心进行回访、反馈和验证。

第三，优化技术人员绩效管理。通过系统数据的任务与工时统计分析，结合绩效激励模式，实现员工多劳多得，促使员工主动提升工作效率和工作技能；通过运维MTU模式（流动式维护保养和应急抢修），提高人均管理面积，实现人员数量增长低于管理面积增长。

第四，实现远程技术支持。建立系统的设备档案、设备维修知识库，主要包括设备资料、历史维保维修记录、维修要点等，远程设备图像联动和移动视频模块的移动应用、二维码应用等远程技术指导，推送维修指引，以降低对技术员的技术要求和缩短入职培训周期。

EBA融入了万科物业的管理理念,提升了对物业设备设施的预防性管理水平,提升了物业的全国集约化经营能力。目前已在深圳、北京、上海、广州、东莞、佛山、沈阳、天津8个城市44个项目落地应用。万科物业对EBA有更长远设想,比如它将支持更多的采集终端及设备和兼容更多的通信协议,从内部局域网内互联发展到开放性网络互联,并涵盖从住宅到写字楼、综合体、工业园等所有物业类型设备,从企业服务器数据管理方式发展到云端数据服务。

科技以人为本,万科物业多年来倾力于智能技术、信息技术在物业管理领域的应用研究和实践,既提升了物业服务的质量,提高了生产效率,改善了运营效率,更促进了大规模组织多业务、跨地域的管控能力,借此突破物业管理行业面临的发展瓶颈,把物业服务企业从劳动密集型组织转变为劳动节约型组织,实现集约化管理。

第二节 智能梯控系统

一、何谓智能梯控系统

智能电梯管理系统又称电梯门禁系统(简称梯控系统),是采用先进卡片读写技术、自动控制技术和传感技术,利用计算机网络平台,对电梯使用进行全面的自动化管理,做到了只有合法人员才能按照特定的规则合理使用,避免了电梯的混乱使用,提高了电梯用户的安全性和节能性,给物业管理也带来极大的便利。

如图6-5所示的是××智能梯控系统架构。该系统可通过大数据、智能软硬件结合、物联网、移动互联网等技术手段的综合应用,以智能门禁系统作为切入口,帮助物业提升社区安防等级。

(1)业主到家流程。业主进入小区门→通过人脸识别、手机二维码或刷卡等方式进入单元门→再通过人脸识别进入电梯闸机通道→用手机APP或微信二维码呼梯→乘梯到达指定楼层。

(2)访客到家流程。访客通过对讲联动直呼业主→业主发送动态二维码给访客→访客通过动态二维码进入单元门→进入电梯闸机通道→再通过动态二维码给梯控系统识别→到达指定楼层。

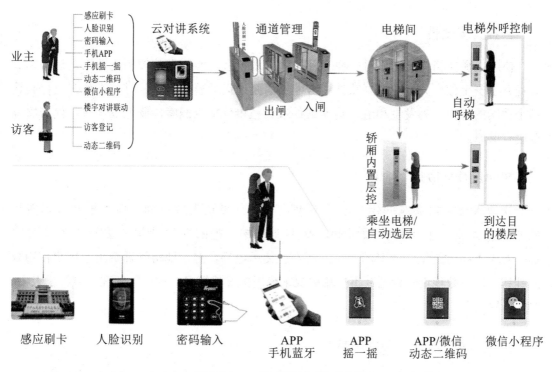

图6-5 ××智能梯控系统架构

二、智能梯控系统的优势

智能梯控系统具有图6-6所示的优势。

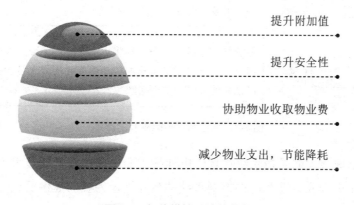

图6-6 智能梯控系统的优势

1.提升附加值

电梯安装梯控系统让生活更加智能,充分契合如今现代智能化以及智能化小区发展的意义,提升亮点和档次,更具附加值。

2.提升安全性

使用电梯控制系统能够对电梯进行权限需求设置,能够有效控制无关人员进入,大大提升了安全性,并且在控制软件中心能够清楚地记录着何人、何时使用哪部电梯到达哪个楼层的细节,为发生和避免治安案件或其他事件提供线索,降低发案率,使居民安全更有保障。

3.协助物业收取物业费

管理人员可对系统的用户卡设定使用权限,设定失效日期,便于控制管理费用的收取。如到达使用的失效时间,则不能开梯,提醒并促使用户去管理处及时缴费,对于不按时交纳物业费的业主,则不能使用电梯,有效地将管理费用与用户使用权限挂钩,以有效规避不正当或不按相关要求使用电梯的情况,优化了管理,节约了人力、物力、财力。

4.减少物业支出,节能降耗

主要体现在电费节约、维修保养费节约和人工费节约这几个方面,如图6-7所示。

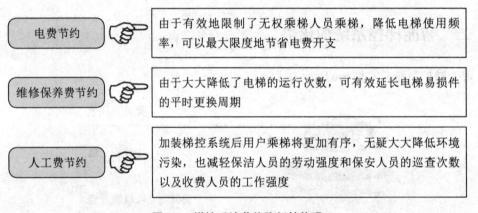

图6-7 梯控系统节能降耗的体现

我国作为全球最大的梯控系统市场,电梯技术和电梯控制系统技术不断在创新和发展,大大提供了电梯安全性和电梯控制系统的智能性,为我们提供更加安全和快捷的智能生活。

三、梯控系统的种类

目前常见的梯控系统有如表6-1所示的几种。

表 6-1 梯控系统的种类

序号	类别	性能说明
1	指纹识别梯控系统	使用时只需将手指平放在指纹采集仪的采集窗口上，即可解锁电梯使用权限，乘坐电梯到达坐在楼层
2	手掌静脉梯控系统	系统采用红外非接触方式，乘梯人只需伸出手掌，系统即快速响应，安全快捷；使用活体认证，无法伪造（图6-8）
3	对讲联动梯控系统	用户通过对讲开门，对讲联动电梯，呼梯至用户所在楼层
4	IC卡梯控系统	电梯上安装一个类似"门禁"的系统装置，只有刷卡后电梯才会启动，将业主送到其要达到的楼面（图6-9）

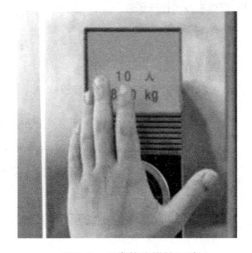

图6-8 手掌静脉梯控系统

图6-9 IC卡梯控系统

四、无接触电梯智能系统

无接触电梯智能系统可有效避免人与电梯按钮接触，基于手机APP、微信小程序、手机蓝牙、人脸、二维码等作为乘梯通行方式，实现自动点亮和选层功能，同时还可联动门禁、摄像头等设备进行无感通行。

目前，无接触电梯智能系统有以下几种。

1.AI语音乘梯/呼梯系统

使用语音识别、语音处理、人机交互等AI技术，用语音呼梯替代传统按键，完成用户无直接接触的语音交互电梯搭乘。

AI语音乘梯/呼梯系统的通行场景如图6-10所示。

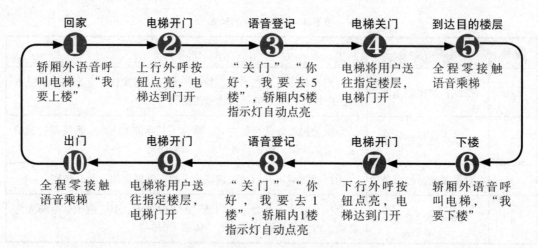

图6-10　AI语音乘梯/呼梯系统的通行场景

图6-11　人脸识别乘梯系统

2.人脸识别乘梯系统

用户"刷脸"乘梯，无需手动触碰电梯按键，实现无接触智能乘梯，给用户带来高端智能化生活体验，有效防止电梯按键的病毒传播，保障用户安全。

该系统具有如图6-12所示的优势。

活体检测	自助注册	访客联动
防止照片、视频、截屏、面具等伪造	手机APP自助注册人脸	业主通过APP上传注册访客信息，开发临时权限

图6-12　人脸识别乘梯系统的优势

3.室内可预约乘梯系统

用户出行前，在家里通过微信小程序或手机APP查看电梯运行状态（图6-13），选择预约乘梯，选择出发楼层、到达楼层，呼叫电梯，节省电梯间候梯时间，进入电梯轿厢后，系统自动点亮目的楼层，全程实现无接触/无感通行。

从呼梯到选层，用户全程无需手动触碰电梯按键，实现无接触智能乘梯，给用户带来高端智能化生活体验，有效防止电梯按键的病毒传播，保障用户安全。

4.二维码乘梯系统

(1)用户体验。用户刷二维码乘梯,无需手动触碰电梯按键,实现无接触智能乘梯,给用户带来高端智能化生活体验,有效防止电梯按键的病毒传播,保障用户安全(图6-14)。

图6-13　手机APP预约乘梯　　　　　　图6-14　二维码乘梯

(2)系统优势。二维码乘梯系统的优势如图6-15所示。

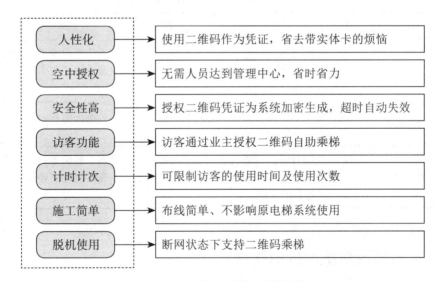

图6-15　二维码乘梯系统的优势

5.手机蓝牙乘梯系统

(1)系统优势。手机蓝牙乘梯系统具有如图6-16所示的三个优势。

1. 通过手机APP自动感应、摇一摇、手动点击等方式呼梯、选层，解决通行无卡化

2. 可同时响应多个用户的手机蓝牙乘梯指令

3. 可扩展远程网络开放，解决访客问题

图6-16　手机蓝牙乘梯系统的优势

（2）用户体验。通过手机APP开门呼梯，手机蓝牙自动选层，用户全程无需手动触碰电梯按键，实现无接触智能乘梯，给用户带来安全、私享和智慧化的生活体验，有效防止电梯按键的病毒传播，保障用户安全。

6. 蓝牙卡远距离感应乘梯系统

（1）系统优势。远距离蓝牙感应，用户全程解放双手，无感通行，还可以有效防止电梯按键的病毒传播，保障用户安全，提升业主满意度，有利于物业费用的收取；同时，针对欠费用户，也可以设置使用通行权限，有利于物业费用的收取。

（2）场景优势。蓝牙卡远距离感应乘梯系统场景优势如表6-2所示。

表6-2　蓝牙卡远距离感应乘梯系统场景优势

序号	场景优势	具体说明
1	解放双手	远距离感应，蓝牙卡放在衣兜、背包中，不用拿出来即可感应，方便使用，如老人抱着小孩、购物后双手拎满东西，腾不出手来开门、按电梯选层的情况
2	避免违规乱用	电梯经授权才能使用后，有效避免闲杂人员乱用电梯，如小孩在电梯内乱玩乘梯等情况
3	夜间安全保障	夜间时段，只要是有妇女及小孩进入电梯间（系统通过识别蓝牙卡的用户身份），电梯会进入电梯直驶模式，不在其他楼层停靠，把人员直接送达目的楼层

五、智能梯控系统的价值体现

智能梯控系统的价值主要体现在以下几个方面。

1. 安全管控

对进出电梯的用户进行有效管理，如业主、访客、管理员等不同身份用户进行权限

管理，只有授权的用户才能乘坐电梯，访客经授权后才能乘梯，有效控制了闲杂人员使用电梯。

（1）省去电梯人工24h长期进行值守的烦恼。

（2）乘梯受限，楼层访问受限，夜间安全保障，降低发案率，有效保障业主生命及财产安全。

2. 节约成本

（1）节省电费。电梯授权使用，降低使用频率，按13kW电梯的电机功率计算，每天能够节省2h的电梯运行，那么每天就可以节省26度（kW·h）的电费。

（2）减少日常维护开支。由于大大降低了电梯的运行次数，可有效延长电梯易损件的平时更换周期，比如抱闸和自动电梯门的开启器等易损件，每年可节省一定数额的维护费用。

（3）延长大修周期。电梯的大修费用为3万～4万元，原本5年就需要大修的电梯，这样可有效延长至7～8年再大修。同比可节约大修费用2万元左右。

（4）节约人工费。电梯经授权才能使用，减轻了保洁人员、巡检人员、站岗人员的工作强度，降低了管理成本和人工管理费用。

【案例】▶▶

××人脸识别梯控管理系统解决方案

1. 应用背景

随着社会经济的高速发展，住宅及办公大楼的电梯普及率越来越高，而可有效管理电梯和电梯私密性的梯控系统起到的重要作用得到越来越多的重视。目前基于IC卡、密码等传统介质的电梯控制系统已实现了广泛的应用，但这类识别方式要求人员近距离操作，且当使用者双手被占用时显得极不方便。随着人脸识别技术的不断发展与完善，该技术逐步被推广到安防领域。通过人脸识别梯控管理系统的建设部署，在保障电梯管控安全性的基础上，极大提升梯控系统的智能性和便捷性，给予用户更前端科技的乘梯体验。

2. 系统概述

××人脸识别梯控管理系统将一卡通系统与人脸识别技术相结合，在传统的电梯控制系统的基础上增加人脸识别应用，满足用户对AI人脸识别的应用体验需求。同时针对临时访客的人脸梯控应用，提供了完整的梯控应用方案，结合访客线上预约系统，线下登记系统，基于APP或微信公众号/小程序等移动端应用与访客一体机终端设备，进行访客人脸登记及授权操作，支持临时访客在系统授权时段内，通过人脸识别方式实现梯控权限验证流程。

系统针对多种场景，如写字楼、集团企业、政府单位等，为常规管控型安防场景的通道、梯控、门禁，提供了一系列应用解决方案，用人脸识别深度赋能安防应用，在满足与兼容其他应用介质（卡片、密码、二维码、指纹等）的基础上，实现用户的深度智能交互体验，极大地提升应用项目的智能化服务水平。本解决方案主要对人脸梯控系统的应用流程及交互方式进行介绍，对通道与门禁的人脸系统应用不再进行详细说明。

智能人脸识别梯控管理系统应用原理：在电梯厅或电梯轿厢中安装人脸识别终端设备，与电梯控制系统相结合，用户通过人脸识别验证身份后，电梯控制系统根据用户的权限设置，释放相应的电梯楼层权限，用户选择自己所要达到的楼层按键，点亮按键并启用电梯到相应目的楼层；未进行登记授权的用户，则无法使用。

3. 系统架构

见下图。

4. 应用流程

4.1 应用流程说明

（1）梯控权限设置：系统管理员在后台对用户（业主、访客）的相应电梯及楼层权限进行预设置。

（2）人脸图像采集：用户（业主、访客）通过不同的方式，登记本人的人脸信息并提取人脸特征。

（3）人脸信息注册：系统服务根据预设置的梯控权限，自动将用户人脸特征参数注册到梯控终端。

（4）人脸识别梯控：用户通过人脸识别的方式，进行梯控权限的验证，通过人脸验证后到达相应楼层。

4.2 人脸登记授权

4.2.1 业主人脸注册

4.2.1.1 人脸信息注册的方式

针对业主及其他内部用户，系统支持三种人脸信息登记注册。

（1）用户信息采集终端：采用带人脸识别功能的硬件终端进行信息采集，用户通过固定的终端设施上传个人信息。

（2）Key Free或其他移动终端应用：采用移动端APP的形式进行信息采集，用户安装APP后可自行添加个人信息。

（3）OCS系统平台管理端：通过Web端的OCS管理平台进行信息采集，可由管理员采集用户信息后，进行统一登记。

4.2.1.2 人脸信息采集的方式

（1）用户信息采集终端：用户通过第二代身份证识别登记，实时抓拍人脸照片与身份证照片对比认证，并登记相关信息。

（2）移动终端应用Key Free：用户通过应用终端应用Key Free的"人脸登记"功能，自助登记个人的人脸照片。

（3）OCS系统平台管理端：管理员采集用户信息后，在OCS系统Web管理端对人员的基本信息及人脸信息进行登记。

4.2.2 访客人脸注册

4.2.2.1 线下访客登记（访客机）

线下访客登记，可通过××桌面访客机完成访客的人脸登记操作，支持人证比对验证功能，支持访客多种通行介质（卡片、二维码纸票、身份证、人脸），可根据项目现场的门禁前端配置，进行选择应用，为使用企业和部门提供一套高效的访客登记管理系统。

(1) 应用流程概述。

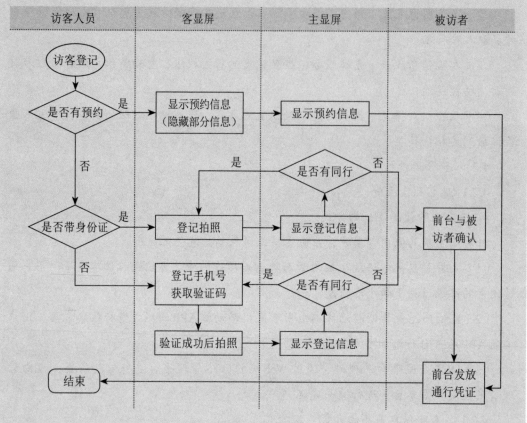

访客登记管理系统

(2) 应用流程说明。

① 系统分为访客登记、访客离开、访客记录、后台管理四个功能模块，对访客的来访过程实现流程化管理。

② 进入"访客登记"模块，访客需要通过人证对比，实现人脸图像采集（针对未携带身份证用户，可选择不进行人证对比操作）。

③ 人证比对后，完成其他相关的访问信息。若为多人拜访，则同时另对随行人员进行信息登记及人脸图像采集。

④ 选择被访业主，并选择相应的通行凭证，即可完成访客登记操作，访客获取相应通行路线的通行权限（访客的通行权限由系统对被访业主事先预设）。

4.2.2.2 线上访客登记（微信公众平台"访客王"）

线上访客登记，可通过微信公众号平台"访客王"实现线上访客的人脸登记操作，同时支持与第三方公众号及其他移动应用进行定制对接开发。

4.3 使用场景

4.3.1 厢内应用

（1）用户（业主或访客）进入电梯轿厢内，通过人脸识别验证梯控权限。

（2）人脸识别验证通过后，人脸机终端提示用户验证成功。

（3）人脸机将用户信息上传后台服务后，后台服务控制相应的电梯分机，释放相应的楼层按键权限。

（4）若用户仅拥有单层楼层权限，则自动点亮指定楼层按键；若拥有多层权限，则需要用户手动点亮楼层按键。

（5）楼层按键点亮后，电梯轿厢到达指定楼层。

4.3.2 厢外应用

（1）用户（业主或访客）达到电梯厅内，在厢外人脸机终端进行人脸识别验证。

（2）人脸识别验证通过后，人脸机将用户信息上传后台服务。

（3）后台服务判断用户权限，将用户拥有的电梯权限及相应的楼层权限，返回人脸机终端。

（4）人脸机显示用户拥有的电梯及楼层权限，用户选择需要召唤的电梯和需要释放的楼层。

（5）后台服务控制相应的电梯分机与厢外授权单元，实现电梯的召唤与目的楼层按键权限的释放。

（6）指定的电梯达到起始楼层后，用户进入电梯轿厢，手动点亮楼层按键，电梯轿厢到达指定楼层。

4.4 与派梯系统对接的应用流程

4.4.1 应用流程图

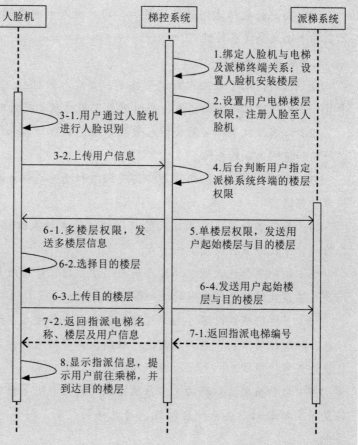

4.4.2 流程说明

（1）系统后台绑定智能人脸机与电梯及派梯系统终端的绑定关系，设置人脸机安装楼层位置。

（2）通过后台设置用户的电梯及电梯楼层权限，将用户人脸特征值注册到相应的智能人脸机终端。

（3）用户在人脸终端设备上进行人脸识别后，上传用户信息至梯控系统。

（4）后台判断用户所拥有的楼层权限，进行相应操作。

（5）若用户拥有单个楼层权限，通过派梯系统对接服务，向派梯系统发送用户的起始楼层及目的楼层。

（6）若用户拥有多个楼层权限，则梯控系统服务返回多个楼层信息给人脸机终端，用户在人脸机终端中选择目的楼层后，再向派梯系统发送用户的起始楼层及目的楼层。

（7）派梯系统返回指派的电梯编号，在人脸机终端显示指派的电梯和目的楼层，提示用户前往乘梯。

（8）指派的电梯达到起始楼层后，用户进入电梯轿厢，电梯自动到达目的楼层，无需再手动点亮楼层按键。

5. 系统优势与功能

（1）人脸识别：采用人脸识别技术，实现人脸梯控应用，用户需要携带身份证、卡片、手机即可实现自由出入，同时避免了用户双手提物时的乘梯验证的困扰。

（2）访客授权乘梯：结合访客管理系统，实现访客人脸的临时授权，访客可在规定时间和范围内刷脸乘梯。

（3）系统联动：人脸识别支持实现门禁和通道与梯控联动控制，用户开门乘梯的一步验证通行。

（4）兼容多种认证方式：人脸识别终端除支持人脸梯控方式外，同时兼容卡片、二维码、手机等多种梯控鉴权方式。

（5）统一平台化管理：梯控系统与门禁、访客等系统为统一平台管理，方便实现用户与多系统终端通行权限的统一管理和监控。

（6）多运行模式设置：系统可针对部分或全部楼层，设置在某时间段内的非管控状态，非管控时段内，用户无需通过权限认证即可乘梯，过了非管控时段后梯控自动转换为正常使用状态，无需人为介入处理。

（7）自动报警检测联动：当系统检测到某些故障导致梯控系统无法正常使用，或触发了消防联动后，系统自动脱离对电梯的控制，转换为非受控状态，确保乘客的安全。

6. 硬件设备简介

（略）

7. 系统配置清单

（略）

第三节 智能灌溉系统

一、何谓智能灌溉系统

智能灌溉系统是集传感器技术、自动控制技术、计算机技术、无线通信技术等多种高新技术于一体的智慧灌溉控制系统。

智能灌溉系统可以自动感测小区植物的温度以及湿度等适宜的生长环境，并根据光照和气象等外部环境因素进行详细的分析判断，从而确定是否灌溉以及具体灌溉措施和灌溉方式，如图6-17所示。

图6-17 对小区草坪实施智能灌溉

智能灌溉系统主要有数据系统、传输系统、数据处理系统、远程检测系统以及电磁控制系统。数据系统也是数据采集站，内有温湿度传感器以及光照传感器，其作用是有效收集园林植物外部环境具体信息，为园林灌溉提供重要的保障。传输系统是传输基站，由大量的无线传输模块构成，作用是将数据系统中的数据信息进行传送，交给下一环节的数据处理中心进行数据信息的处理。远程监测系统是利用上位机进行园林灌溉的实时监控。而电磁控制系统是一个电磁阀控制站,利用继电器实现信息的接收,进而对智能浇灌进行有效的控制。

二、智能浇灌系统的优势

智能浇灌系统的优势如图6-18所示。

图6-18 智能浇灌系统的优势

三、智能灌溉的类型

智能灌溉根据操控方式、动力来源等分为多种类型,最常用的有太阳能、无线遥控和总线控制三种系统,可根据园林实际情况合理地选择。

1.太阳能灌溉系统

太阳能灌溉指的是以太阳能作为启动能源,将溪涧、地下水等水资源用于园林灌溉。太阳能灌溉系统主要由雨水探测器、太阳能电板组成,其中雨水探测器的功能为对有雨天气进行检测,若是检测到雨水天气则会自行将系统关闭;太阳能电板的主要作用为吸收太阳能并将其转化为电泵动力,为电泵抽取水源提供动力。太阳能灌溉系统抽取水源后会将其输送至储水池中保存,再经上坡方位的洒水器实施灌溉。

> **小提示**
> 太阳能灌溉系统一般在没有自来水供应的偏僻地区使用,可以充分利用地下水和溪水以及太阳能等资源,从而实现园林灌溉的资源循环利用。

2.无线遥控灌溉系统

无线遥控灌溉系统指的是以远程终端单元为信息中转站辅助灌溉的系统。具体来讲,是由远程终端负责采集园林植被肥、水需求信息,再通过GSM(全球移动通信系统)将信息传至中央控制系统,在进行信息分析后,通过远程操控完成自动化灌溉一系列操作。这一灌溉系统的最大的特点是融入了科技性与现代性,充分利用了GSM网络技术,不仅结构简单,传输线少,而且后期养护投资较小,系统的整体投资成本不高,可普遍推广。

3.总线控制灌溉系统

总线控制灌溉系统指的是,以总线控制为测控终端实现整个灌溉系统的控制。在总线控制灌溉系统中,每一个测控终端又是相对独立的,可独立进行园林需水信息收集、整合、判断以及基本灌溉等操作。先由各处测控终端采集园林植被需水信息,然后传至中央计算机监控系统,由后者进行统一分析处理后生成园林灌溉参数,自动启动并调节灌溉系统进行灌溉。

该系统还可开设专家系统,可邀请相关专家结合系统存储的数据、园林植被实际生长情况等对园林灌溉提供个性化的指导,使园林灌溉更为科学、直观与高效,使灌溉更加直观。

> **小提示**
> 相较于无线遥控,总线控制涉及范围更广,整体投资成本却更低,因此,在园林方面应用价值极高。

四、智能灌溉的方式

目前,智能灌溉在园林养护方面得到了普遍的应用,使灌溉活动由劳动密集型过渡到技术密集型。

1. 一体化灌溉

出于观赏、绿化等方面的需求，园林植被的覆盖率相对较高，且种类多。各种植物自身生长特点、需水量以及规律均存在一定的差异。采取智能灌溉，可通过采集植物的需水信息，根据各种植物的实际需水需求进行准确、针对性地灌溉，将滴灌、喷灌等各种灌溉形式融为一体，实现一体化、多元化和个性化灌溉。

园林植被基层与地表本身蓄水能力和植物根系吸水能力也不尽相同，利用智能灌溉，可将地表、地上灌溉同深层、基层灌溉有效统一，合理地调配地下水、灌溉水以及自然雨水，实现园林绿化灌溉管理的系统化、一体化。

2. 自动化灌溉

智能灌溉可利用信息化智能系统，及时采集风速、土壤含水量、植物生存环境以及降雨量等有关的数据信息，并进行系统分析。根据数据分析的结果，判断植物的需水情况，通过灌溉程序自行启动灌溉设备实施灌溉，及时满足植物的需水需求。

对于阔叶型树木、大面积的丛植等需水量较大，并且灌溉频率不高，可选用喷灌、低压管道灌溉、集雨灌等输水型灌溉方式，既可提高灌溉效率，又起到节约水资源的作用。每次灌溉结束，系统会将灌溉时间、灌溉量等相关信息自动存储到系统中。在特殊情况下，工作人员可根据存储记录采取手动控制灌溉，提高灌溉管理效率。

3. 节能化灌溉

智能灌溉系统的水泵、电磁阀、水源等各种组成结构，均经过计算机系统进行科学的分析与精确控制。系统可在第一时间察觉植物需水信号，经过数据分析和精确计算确定灌溉时间、灌溉方式和灌水量。

系统可根据历史记录、参数选择滴灌、微灌等节水型的灌溉方式，中高度的灌木选用微灌方式，乔木采取滴灌模式，丛植群落使用引入雾灌的方式，且勤浇少浇。同时，在灌溉期间系统会自主监测灌溉细节和设施运行的状态，比如，灌溉范围是否满足实际要求、管道有无折叠、水泵是否正常等，不仅实现了水资源的合理利用，而且加强了对设施的保护，极大降低了灌溉量不足或者超量等不良现象。

五、智能灌溉系统的建设效果

（1）智能灌溉系统可实时监测小区绿化情况，可以自动和手动控制灌溉系统对灌溉时间及土壤墒情进行控制与采集，有效的灌溉，节约资源。

（2）小区的公共绿地引入全自动、智能化的绿化浇灌系统后，不仅浇水量可以根据植物的需要智慧控制，农药也通过灌溉系统定量自动送达公共绿地。

（3）不同植物在不同阶段需要的浇水量有所不同，物业服务企业可以根据社区的绿化情况，定制小区专属的智慧灌溉系统。通过智慧系统的控制，小区绿地内喷头喷水时可以有节奏、分批次，精准控制出水量。

（4）在智慧灌溉系统中，农药可以在灌溉前就放入灌溉系统内，随流水一起送达到植物根部，并且还有专门的阀门来实时控制出药量。

【案例】▶▶▶

××小区物业智能灌溉解决方案

1. 项目名称

××××物业小区智能浇灌系统。

2. 项目概况

××××物业别墅群绿化面积约12万平方米，为了提升智能化管理水平，降低人力维护成本，决定引入智慧小区灌溉系统。

3. 系统设计

针对本项目绿化（大约12万平方米的绿化草地及灌木）灌溉要求，通过前期项目勘察及技术沟通，项目实施团队根据项目需求提供核心设备选型和技术指导服务以及整个系统的施工全程指导工作。

整个系统规划五个区域控制子系统进行智能喷灌控制，每个子系统独立工作，物业公司可通过多级后台管理云服务软件进行集中管理。针对不同区域植被的特点，实施团队进行具体的喷头覆盖设计。

（1）针对小面积分散型及道路侧草坪区域采用地埋式扇形喷头，360°全覆盖喷洒，可调节单侧喷洒，不会喷洒至步行道。

（2）针对大面积草坪区域采用埋地式旋转喷头，旋转角度根据现场可以适应性调节。

4. 水路设计

本项目在前期施工中，针对绿化浇灌系统已做管道埋设，根据原有绿化喷灌埋管图，实施团队根据小区原有埋管进行初步设计，进场施工前针对每个取水点进行逐一确认。系统的供水设计为每个控制点均从市政供水系统自动取水进入浇灌主管道。系统规划分五个片区布置控制箱，取水点就近连接原有喷灌管道再逐级分配支管。主管的清洁水源分流到每隔30m一段的分支水管，主水管要保持不低于3kg的供水压力，以保证自动喷洒效果。

如果自来水压力达不到系统要求压力，就要对系统供水点进行水泵变频自动增压，这样才能保证全系统的供水量和浇灌水压。

考虑小区已经投入使用，施工过程尽量减少对现有绿化状况的损坏。从原有水管分支DE50管路连接10～15个扇形喷头为一组电磁阀控制。耗水量设计标准根据系统运行压力不低于3kg，喷头不同，喷嘴的耗水量为0.2～0.9m^3/h，同时控制阀门数量及管径进行深化设计。

本系统的洒水喷头全部采用高质量地埋式喷头，设计使用寿命为5年。喷头的地埋式特性可以保证非工作状态隐蔽，工作状态向上伸出10cm进行洒水。

5.系统安装

根据系统设计的要求，按照取水系统安装、水管线路铺设、喷头埋设、阀门安装、整体调试的顺序，依次进行安装施工。先完成子系统测试，再进行系统整合运行。

第四节 智能环境监测系统

一、何谓智能环境监测系统

智能环境监测系统是一种集气象数据采集、存储、传输和管理于一体的无人值守的环境采集系统。

二、智能环境监测系统的作用

智能环境监测系统主要针对小区空气环境监测，通过在小区内部不同区域部署室外环境监测设备，不仅可以实时显示小区内部的空气质量环境状况，便于居民安排自己的活动时间，更可以实时上传数据到环保局和住建局，为空气质量发布提供大数据支持。

三、智能环境监测系统的架构

智能环境监测系统由感知层、数据传输层、应用服务层三部分组成。

1.感知层

现场端各类智能监测感知设备,对环境要素进行全面智能感知,前端设备包含主要设备和辅助设备。

(1)主要设备指各类检测仪器(PM2.5、PM10、空气温湿度、风速风向、气压、噪声、光照强度)和数据采集主控设备,负责检测各类数据和上传数据。

(2)辅助设备主要包括安装仪器设备所需要的安装固定装置等。

2.数据传输层

数据传输可选用有线或3G/4G/5G/GPRS无线传输方式,也可以两种兼用,无线传输的特点方便灵活,并可安全存储数据、设备工作状态等信息。

3.应用服务层

应用服务层包括应用展示层、应用实例层、应用支撑层、基础数据层四部分。

(1)应用展示层:通过不同方式(APP移动端、Web端、LED大屏)向用户展示平台界面,如图6-19所示。

图6-19 环境监测显示

(2)应用实例层:主要是对网格化监测区域各项参数进行监测预警及分析、对污染物的扩散曲线趋势进行推算等功能。

(3)应用支撑层:以云计算、大数据等技术手段,整合和分析海量跨地域、跨行业的环境信息,实现海量数据存储,实时处理和深度挖掘与分析。

(4)基础数据层:存储区域及设备数据、实时监测数据、历史数据等信息,解决信息资源管理分散,基础数据存储零乱,标准化差、应用服务适用性单一,难以共享等问题。

【案例】

××小区智能环境监测系统解决方案

1. 系统概述

社区环境污染远程监控系统通过在主要污染区域、重点监测区域、人流量密集或者大型社区内部等区域安装环境采集仪器，将环境数据和视频监控数据融合后经无线网络或有线网络实时传送到云服务器，给用户提供PC端（云端查询模式及单机版查询模式）的实时查询、报警提醒、远程查看、远程取证管理等服务，帮助管理部门实现全方位、全时段的信息化管理手段，为环境污染源数据分析和环境预警预报系统建设奠定基础。

本系统可为以后的社区大气污染变化趋势分析与预测、预警能力提供帮助，为实现对社区大气污染防治的对策研究与管理做好基础。

2. 系统组成

环境大气污染监控智能管理系统，采用开放式有线宽带/无线网络/3G/4G传输，由前端监测设备、网络设备和后端软件平台三部分组成。

2.1 系统网络拓扑图

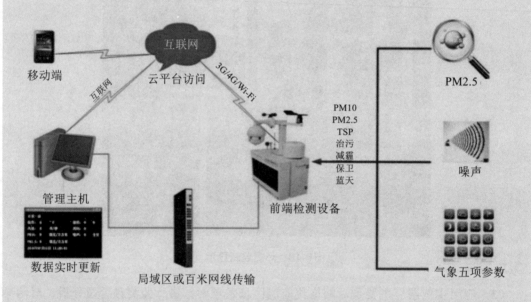

2.2 系统前端

序号	产品	主要参数
1	温度传感器	量程：0~100%RH。分辨率：0.1%RH。准确度：±5%RH
2	温度传感器	量程：-50~100℃。分辨率：0.1℃。准确度：±0.5℃

续表

序号	产品	主要参数
3	风速传感器	量程：0~70m/s。分辨率：0.1m/s。准确度：±（0.3+0.03V[①]）m/s。启动风速：≤0.8m/s
4	风向传感器	量程：0°~360°。分辨率：1°。准确度：±3°。启动风速：≤0.5m/s
5	降雨量	量程：0~999.9mm。分辨率：0.2mm。准确度：±4%。降雨强度：0~4mm/min。输出：DC12V，脉冲输出
6	TSP总悬浮物颗粒传感器	量程：0~1000mg/m^3。精确度：±0.1
7	噪声传感器	量程：30~130dB。精确度：±1.5dB
8	太阳能供电系统（可选）	25A·h蓄电池30W太阳能电池板，电池板托架，蓄电池，控制器
9	高精数据采集器	现场实时对数据进行采集，然后传输或者储存的自动化设备。数据采集仪的主要功能：自动传输功能、自动存储、即时反馈、实时采集、自动处理、即时显示
10	GPRS通信	数据无线远程传输、需要自备开通GPRS手机卡一张（联通、移动可选）
11	球形摄像机	1/3in（1in=2.54cm）逐行扫描传感器，最高分辨率1280×720，输出实时图像，双码流同步传输，存储流和网传流同步单独编码处理，自动光圈
12	LED显示屏	含控制卡，根据需求尺寸定制
13	安装支架（3.5m）	包含百叶箱，配电柜

① V为风速。

2.3 系统传输及后端

系统数据上传采用两种模式。

第一种为单机版模式，采用社区内部局域网网络进行传输，或者百米以内通过网线直联等模式；后端为计算机，安装单机版软件，只能进行数据实时观看，功能比较简单。

第二种模式为网络云平台数据传输，前端设备数据通过3G、4G、Wi-Fi、宽带等互联网模式传输至数据平台，移动端或者计算机端客户可通过云平台网址，通过用户名及密码进行实时访问和查看。数据分析统计功能强大。

3. 系统功能

3.1 系统功能简介

社区环境数据监测的种类包括：环保部发布的本地区的空气质量数值（AQI）、PM10、PM2.5、CO、O_3、NO_2数值等；本地监测点位传感器发回的PM10、PM2.5、CO、NO_2、温度、风速、风向、湿度、气压、O_3、NO_2、负氧离子数值等（以上功能参数根据具体环境需求可自行选择）。同时将各项监测数据叠加到视频信号中传送到系统后台进行实时监控。

同时软件可对环境空气质量监测设备进行管理，包括设备的基本信息、位置信息、设备编号、设备状态等以及视频摄像头的实时控制。

3.2 环境数据实时监控功能

可以通过计算机等网络设备实时的监督查看管辖的社区环境质量情况。系统软件支持地图精准导航定位、远程视频监控查看功能（本功能只针对云平台查看客户）。

3.3 智能监控报警功能

系统具有自动超标报警提醒功能：对管理人员、现场工作人员发出及时提醒，注意防控监管。

系统具有自动短信通知功能：在设定的时间范围内以短信形式发送报警信息给项目管理人员，通知防控。

3.4 智能管理功能

系统具有严重超标项目通告功能：对不及时进行防控的严重超标项目，系统自动生成违章通告进行网络公示通报。对通报的项目，污染社区需要通过检查污染源、消除污染源，系统进行整改回复，完成系统闭环管理功能。

3.5 智能对比分析功能

主要提供环境监测项目动态变化分析和区域动态分析功能给管理人员、物业、业主进行决策指导。

3.6 联防联控功能

该系统为开放式共享平台，环保、建委、城管等相关行政管理部门均可以实现在线查看，达到联防联控的信息共享机制；污染社区、企业可以根据监测系统的数值变化情况，采取应急措施，降低噪声、扬尘等大气污染物对周围环境的污染，可以在一定的程度上起到预防为主，降低社区、企业污染风险。有助于提高社区、企业的经济和社会效益；提高社区居住环境，使居住在社区内的业主有知情权，提高社区管理水平，增加社会效益和经济效益。

4. 解决的问题

4.1 解决监管人手不足的问题

该系统实时监控，能实现随时随地监督查看任意一个施工项目情况。

4.2 解决技术手段不足的问题

对于环境污染治理，该系统可以第一时间发现、第一时间处置、第一时间解决问题机制，同时提供数据统计、分析管理功能。

4.3 解决法律手段及处罚依据不足的问题

系统提供环境数据及视频图文信息，给执法管理部门提供有效依据。

第七章
智慧物业服务平台

第一节
社区O2O服务平台

一、何谓社区O2O

O2O即Online to Offline（在线离线/线上到线下），是指将线下的商务机会与互联网结合，让互联网成为线下交易的前台。O2O的概念非常广泛，既可涉及线上，又可涉及线下，可以通称为O2O。

社区O2O是指以社区为基本单位，以服务社区住户的日常生活为目的，且必须同时涉及线上流程（包括但不限于支付、下单等），开展的线上平台与线下实体店相结合的新型商业模式，以期更好地满足社区居民家庭生活的购物需求。

在移动互联网和电子商务普及时代，通过线上和线下资源的互动整合，完成服务或产品在物业社区"最后一公里"的闭环，其核心是以物业管理社区三维立体空间为中心，构建物业管理企业、社区居民与相关联企业和服务者之间交互连接的平台。

二、社区O2O的模式

就目前市场来看，社区O2O以物流跨界电商模式、电商布局社区模式、社区社交模式、综合服务平台模式、便民工程模式、微信店模式等为主。

1. 物流跨界电商模式

物流企业依靠完善的物流网点和物流信息服务体系，实现从物流业向电商业的跨界迈进。

比如，顺丰嘿客相当于社区网购便民生活平台，店内零库存，通过海报、二维码墙、触摸屏等展示商品，门店整合了网购体验、快件寄取、便民服务、金融服务等多项服务，这模仿了成熟的"便利店+快递"形式。嘿客电商与门店形成了完整的O2O闭环，其社区服务规范化和标准化做得成功，但实体店体验能力有限，在同类商品比价方面，甚至远不如网上商城方便。

2. 电商布局社区模式

电商布局社区模式，依靠的是完善的电商信息服务体系，利用线上资源，实现了便利店资源的有效整合与利用。

比如，京东在与山西唐久便利开展O2O合作后，与快客、好邻居、良友等十家便利店合作，并在此基础上推出2h送达服务。京东O2O模式包括："小店模式"——针对便利店、药店，主打小店转型线上卖场；"生鲜模式"——针对超市和大卖场主打冷链生鲜配送；"品牌专卖连锁模式"——针对服装、箱包、家居连锁企业，主打上门试穿等增值服务。

电商布局社区模式，服务优势在于对社会资源的整合和把控能力，然而对于社区实体店的服务标准化推广方面，似乎能力有限。

3.社区社交模式

社区社交模式一般采用线上APP与线下服务站相结合模式，主打社区社交，并广泛对接第三方服务，实现社区服务供求信息对接。满足了社区服务供求信息对接需求，但对第三方服务资源的整合和把控能力极为有限。

比如，叮咚小区采取了黄页模式，将大量社区服务信息集成至APP中，侧重邻里社交，实现二手交易、拼车、家政推荐、代缴水电煤及物业费、代收快递、小区BBS等功能。

4.综合服务平台模式

以物业服务为基础切入O2O服务中，为业主提供一键缴费、投诉保修、小区动态通知等日常服务，同时为小区物业提供收纳缴费、监督测评员工等管家服务。

5.便民工程模式

以"猫屋"为代表的政府便民工程模式，它以500m为半径，为社区居民提供邻居式包裹代收服务，但它又不投资开店，其门店由诸如零售店、理发店、西点店等社区商户加盟而来，其终极目标是"打造一个基于社区的生活圈"。

与京东、顺风等自提点不同，猫屋并无自持物流，而对接了顺丰、四通一达等多家快递公司。猫屋实行"直营＋加盟"的双重结构，直营为标准物流自提点＋体验店形式，而加盟则意在吸纳不同行业的线下实体店加入。

6.微信店模式

由于微信广泛的普及率以及较强的用户黏性，因此可开设微信店，依靠区域代理商，实现对第三方服务商资源的有效整合

比如，好邻居就将用户与第三方服务商有效对接，提供快递、家政、就业、缴费、维修等社区服务，实现为商家引流。好邻居模式充分依靠区域代理商的资源的整合能力，对区域代理商的把控将是未来业务发展的关键。

三、物业社区O2O的模式

物业作为紧密连接社区的大管家,在解决社区O2O"最后一公里"的难点上具有先天优势,在社区O2O中会有更广泛的参与度,承担起更重要的角色。未来会有非常多的垂直社区O2O被整合到物业社区O2O的社区服务平台上。那么,物业服务企业如何通过建设社区服务平台,主动参与到社区O2O中来?可参考如图7-1所示的几种模式。

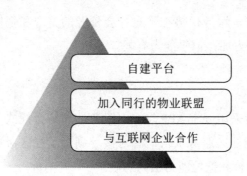

图7-1 物业参与社区O2O的模式

1. 自建平台

自建平台在整合资源上拥有非常好的自主性,有利于社区资源的合理、充分开发以及深度运营。但是因为要实现盈利,需要较长时间的市场培育,这部分投入在短期内并不容易见效。而且在技术、社区运营方面的团队,物业服务企业原本并不具备,同样需要重新组建。所以自建平台虽然很美好,但是需要长期的资源投入,更需要颠覆自我的勇气。

比如,"住这儿""实惠APP""若比邻""彩生活"均属于这一类,这部分物业因为背靠地产或者投资公司,能够为其提供强大的资金和资源支持,从而具备自建平台的能力。

2. 加入同行的物业联盟

通过同行物业联盟,不仅可以低成本、快速地获取社区服务平台,也可以向同行学习一些优秀管理经验,但是这种方式最大的问题是:一方面,不得不考虑联盟主导企业对自己品牌的侵蚀作用;另一方面,由于同行竞争的关系,物业联盟存在陷入各自为战、有名无实境地的可能性。

这方面以花样年的"解放区"最为典型。花样年一方面通过"彩生活"不断收购中小物业扩大管理面积,另一方面对于不愿意被收购的物业公司,则以旗下"解放区"物业联盟实现合作。长城物业"一应云"平台也对同行敞开怀抱,与其他物业公司组成物业联盟。

3.与互联网企业合作

有些互联网公司提供社区服务系统,并提供运营支持,与物业公司共同开展社区O2O服务并分享收益。

比如,典型的有"小芝""考拉先生""优家园"等。

在与互联网公司的合作中,因为不存在同业竞争,如果合作顺利能够实现共赢,但是有两个问题需要考虑:物业服务企业一方面需要考虑互联网公司提供的平台对自己的物业流程改造是否有切实的改进作用,特别是有些平台还需要收取不菲的费用;另一方面,要守好自己的社区资源,保证自己对平台的控制力,因为平台的控制力意味着社区经营权。没有平台控制力,就没有社区经营权,物业服务企业在社区O2O的发展中将被边缘化。

四、物业参与社区O2O的途径

社区O2O想要在居民生活消费市场分一杯羹,只有在物业服务企业的帮助下才能找到线下流量入口,形成物业与业主之间的信任关系。那么,物业服务企业该如何建立社区O2O,并通过社区O2O完成自身的转型与升级呢?可按如图7-2所示的四步来实现。

图7-2 物业服务转型社区O2O的途径

1.实现物业管理信息化,夯实社区O2O基础

物业管理信息化是物业服务转型的基本,对物业服务企业的资源与人员进行信息化管理,加强物业管理信息化实际上是梳理公司工作流程、建立公司基础数据,通过信息化,实际上是对企业业务流程的改造与升级,也是对巩固物业服务企业基本管理的最佳方式,如果没有一个好的物业管理信息化软件,不仅物业管理成为问题,社区O2O运营更是举步维艰。

2.社区智能化改造

在完成对物业企业的内控管理之后,社区智能化升级改造,包括了一切与社区相关的智能硬件设备以及智能服务软件系统,涉及道闸、门禁、对讲、安防、梯控等方面,具体地来说,涵盖车辆识别联动闸机、手机联动门禁、智慧停车等方面,将各个点连成线、绘成面，从而完成软硬件结合的社区智能化改造与升级。

3. 开展社区多种经营服务，提高经营效益

在进行物业管理信息化、社区智能化改造后，便需要开展社区多种经营，在为业主提供优质服务的同时，为社区服务平台引入线下流量，拓展物业服务公司收入来源，改变物业服务企业收入构成，提高经营效益。

4. 打造服务生态圈

打造良好的服务生态圈是社区O2O的核心，也是困扰社区O2O运营商的瓶颈。真正意义上的社区O2O应是充分体现以人为本和可持续发展的内涵，具备智慧社区硬件与软件功能，整合各类O2O平台信息，将社区、家庭作为服务背景的生态圈。将互联网作为渠道提供物业服务，提供精细化服务和高端定制服务，使得业主对社区产生归属感和认同感，形成业主、物业、商家全面参与互动、共生共荣、相互促进的关系，使物业真正融入生活，提高舒适度和幸福度。

第二节 园区物管云平台

一、园区物业管理的重要性

园区物业管理是智慧园区的一个重要组成部分，随着园区智慧化的不断提升，人们逐渐接受智慧物业管理这一管理模式。良好的物业管理已经成为园区招商的重要因素，也成为业主或租户选择物业的重要考虑因素。

二、园区物业管理云平台的内容

智慧园区物业管理云平台主要包括基础平台、物业管理、招商管理、园区辅助决策等应用业务。

1. 基础平台

基础平台主要为云平台提供统一的基础应用技术及架构，包括统一用户管理平台、

统一身份认证平台、统一工作流平台、移动应用平台等。

2. 物业管理

物业管理主要为物业公司和单位提供日常办公及实现对园区、企业与租户的管理，主要包括场地管理、租赁管理、合同管理、收费管理、资产管理、设备管理、保修管理等。

3. 招商管理

招商管理主要为园区招商部门提供招商项目洽谈、合作意向、项目签约等招商业务全流程的跟踪与管理。

4. 园区辅助决策

园区辅助决策主要采用先进的数据挖掘技术，提炼领导关心的、涉及园区运营管理业务的各类关键指标，以直观的图形和报表形式形象地展示园区各类运营情况。

三、园区物业管理云平台实现的功能

物业管理系统集成多个物业必要功能，提供远程抄表、财务软件接口、网络音视频会议以及其他软硬件产品接口；提供用户个性化定义功能。具体功能如下。

1. 一卡通管理系统

针对园区的出入口管理、门禁系统、停车等而进行。按照国家技术规范的要求，一卡通系统选型以系统的可靠性、产品质量、可集成扩充性及性能价格比为第一原则，同时兼顾系统产品完整性、兼容性、系统可升级等因素。以智能IC卡为主，完全满足园区内用户的全部要求，实现小区停车场、门禁、社区消费的智能化管理。

2. 资料管理

使用"园区-大楼-房间"三级对所管辖的房源进行集中管理与维护，并详细记录移交验收资料与房产使用和维修记录。同时和安防、环保监测等系统的一起联网，协调运转。提供以房间为单位，对业主、住户、租户的全面管理，详细记录住户入住资料、房间户主、成员档案、租户及租赁信息，并具有强大的客户信息查询和管理功能。

3. 日常办公

日常办公业务如表7-1所示。

表 7-1 日常办公业务

序号	业务	说明
1	设备管理	记录小区的设备运行情况，如电梯、发电机等，设备分为项目设备、大楼设备、套户设备，可记录设备保养、运行、维修和巡查记录
2	保安管理	管理小区保安资料，记录保安档案、工作检查情况、训练考核情况、排班、巡逻、交接班记录、治安案件、重大事件等的记录
3	环卫管理	记录小区绿化植物、清洁情况、环卫设施、环卫事件
4	物料管理	物料管理是一个独立部分，它包括了仓库、物料明细、建账、采购、退货、领料入库、退库以及相关的统计报表
5	有偿服务相应	结合门户，响应并记录进行有偿服务情况，包括服务申请、派工、领料、完工验收、金额结算和回访记录
6	二次装修	记录客户二次装修审批、办证、收费、验收、退费等情况
7	客户投诉	结合门户，响应并记录客户的投诉、投诉处理情况和住户违章记录等
8	固定资产	记录物业管理公司的固定资产使用、修理、报废情况
9	消防管理	结合消防监控和巡更，对小区消防区域、事件、器材、演习进行记录
10	报修管理	结合门户，对客户报修请求进行登记并相应处理

4.租赁管理系统

对物业公司出租的房屋和客户进行管理，包括租赁定价、租赁登记、图文查询、退租管理、租赁提醒、来电来访登记、租赁报表。

5.行政办公

可管理公司员工资料、入职信息、职务变迁、培训记录、考核等资料信息。

第节

微信公众号服务平台

一、何谓微信公众号

微信公众号，是腾讯公司在微信的基础上新增的功能模块。利用微信公众平台可以实现消息推送、品牌传播、分享等一对多的媒体性行为活动。

二、微信公众号的类型

目前,微信公众号分为订阅号、服务号、小程序及企业微信4种类型。

1.服务号

服务号服务属性强,旨在为用户提供服务,给企业和组织提供更强大的业务服务与用户管理能力,帮助企业快速实现全新的公众号服务平台。服务号主要偏于服务交互(类似银行、114,提供服务查询)。

服务号每个月只能发布四次软文,每次可以发布多篇软文。推送的类型包括文字、图片、图文、视频、音频,推送后显示在用户聊天列表,即微信首页。申请主体包括个体工商户、企业、媒体、政府机构等(需有相应的证件),个人不能注册。

服务号支持微信支付商户号申请,可以加外部链接。

2.订阅号

订阅号媒体属性强,旨在为用户提供信息,为媒体和个人提供一种新的信息传播方式,构建与读者之间更好的沟通与管理模式。主要偏于为用户传达资讯(类似报纸杂志)。

订阅号每天可以发布一次推广软文,媒体账号可推送多次。推送的类型包括文字、图片、图文、视频、音频,推送后显示在订阅号文件夹中。申请主体包括企业、媒体、个人、政府。

订阅号不能用微信支付,必须配合小程序才能完成。

3.企业微信

企业微信旨在帮助企业、政府机关、学校、医院等事业单位和非政府组织建立与员工、上下游合作伙伴及内部IT系统间的连接,并能有效地简化管理流程、提高信息的沟通和协同效率、提升对一线员工的服务及管理能力。企业号主要用于公司内部通信使用,需要先验证身份才可以关注成功企业号。

4.小程序

小程序是微信公众号的一种,原来叫应用号。它是服务号的升级版;具有一种新的开放能力,可以在微信内被便捷地获取和传播,同时具有出色的使用体验;是一种不需要下载安装即可使用的应用,它实现了应用"触手可及"的梦想,用户扫一扫或搜一下即可打开应用。

全面开放申请后,主体类型为企业、政府、媒体、其他组织或个人的开发者,均可申请注册小程序。小程序、订阅号、服务号、企业号是并行的体系。

> 相关链接

订阅号、服务号功能区别

订阅号与服务号的区别如下表所示。

功能权限	普通订阅号	微信认证订阅号	普通服务号	微信认证服务号
消息直接显示在好友对话列表中			√	√
消息显示在"订阅号"文件夹中	√	√		
每天可以群发1条消息	√	√		
每个月可以群发4条消息			√	√
无限制群发				
保密消息禁止转发				
关注时验证身份				
基本的消息接收/运营接口	√	√	√	√
聊天界面底部，自定义菜单	√	√		√
定制应用				
高级接口能力		部分支持		√
微信支付·商户功能		部分支持		√

温馨提示：

（1）如果想简单地发送消息，达到宣传效果，建议可选择订阅号。

（2）如果想用公众号获得更多的功能，例如开通微信支付，建议可以选择服务号。

（3）如果想用来管理内部企业员工、团队，对内使用，可申请企业号。

（4）订阅号不支持变更为服务号，同样，服务号也不可变更成订阅号。

适合订阅号的企业或单位：服装、餐饮、食品、小商品等，这些行业需要短期、快速地让用户了解到自己产品的最新信息和活动等内容，所以"订阅号"群发周期1天的设置，是非常适用的。

适合服务号的企业或单位：服务行业，例如——医院、银行、保险等，需要解答客户需求和提问的行业，适用"服务号"。"服务号"提供的自动回复功能，关键字回复功能，还有二次开发功能，都是针对服务客户来设计的，所以这些企业或单位更适合用"服务号"。

三、物业服务企业开通微信公众号的好处

一个基于微信的物业管理和社区服务平台能帮助物业公司整合社区资源，营造可持续运营的社区生态体系。从社区居民的角度来说，可以让业主随时随地了解物业服务和社区生活资讯。从物业公司的角度来说可以实现线上线下一体化服务，全面提高服务质量，拓展物业的增值服务。

1.物业服务方面

从物业服务方面来说，公众号主要有如表7-2所示的优势。

表7-2　公众号在物业服务方面的优势体现

序号	优势	具体说明
1	提高客户服务沟通效率	可以实现物业服务的在线预约，在线发布物业服务信息，更加方便住户查询；对于工作人员来说，运用微信公众平台，实现物业常见问题自动问答，减轻客服压力；增加物业特色服务的在线预约，实现线上线下一体化服务，全面提高服务质量；创新物业增值服务，提高运营收益
2	提升信息发布的及时性	通过公众号可以让通知公告及时送达，通知电子化，通过微信及时传达，停水停电通知从此不会遗漏；开展在线调研和投票，如在线发布社区民意调研、活动方案投票、满意度调查等信息，节省与住户的沟通成本，提高效率，提高用户参与度，自动统计结果，极大降低调研成本
3	助力社区文化活动的开展	社区活动可以实现在线报名，如社区文体比赛、登山、旅游、新鲜水果团购等丰富的社区活动。通过平台发布，住户随时随地浏览，并可在线报名，后台可以管理住户报名信息，为活动组织提供便利
4	助力小区商业价值的挖掘	小区微信公众号的上线，不仅是信息传播平台，也是物业公司与商家合作共赢的平台。微信公众号的广告推广，一方面比传统的广告形式更加便捷，可以直达业主；另一方面也因其形式灵活，可以经常性地开展各类合作。一旦公众号的"粉丝"数量不断增加且阅读量不断上升，公众号的商业价值也将得到提升

2.方便社区住户方面

从方便社区住户方面来说，微信公众号主要有如图7-3所示的优势。

① 物业微信公众号可以实现社区生活资讯、便民信息发布，方便住户了解社区周边配套服务和各类常用电话

② 物业在线客服对社区住户的在线询问信息、反馈投诉与建议，给予一对一的回复，及时解决用户问题，从而提升服务质量和用户满意度

图7-3

- ③ 业主认证平台支持对社区用户进行认证管理，方便物业为认证业主们提供更周全的服务
- ④ 社区周边购物、娱乐、饮食等优惠信息第一时间发布，拓展社区增值服务业务；运营后台丰富的数据统计功能，帮助物业及时了解用户状态，通知公告阅读率，活动报名统计等信息为社区服务运营提供数据支撑

图7-3　公众号在方便社区住户的优势体现

3.社区电商方面

从社区电商的角度来看，公众号目前拥有如图7-4所示一些优势。

- 1 熟人网络，小众传播，传播有效性更高
- 2 可随时随地提供信息和服务，信息和服务能够到达的时间更长
- 3 富媒体内容，便于分享
- 4 便利的互动性，信息推送迅速，实时更新

图7-4　公众号在社区电商方面的优势体现

（1）熟人网络，小众传播，传播有效性更高。

微信作为一款手机社交软件，能在短时间被大众所接受，一个主要原因就是其用户来源，基于已有的腾讯用户；同时微信还可以实现跨平台的好友添加，微信用户可以通过访问手机通讯录来添加已开通微信业务的朋友和家人。

微信不同于其他社交平台最重要的特点，即其建立的好友圈中均是已经认识的人，建立起来的人际网络是一种熟人网络。其内部传播是一种基于熟人网络的小众传播，其信任度和到达率是传统媒介无法达到的，因此平台能够获取更加真实的客户群，博客的"粉丝"中存在着太多的无关"粉丝"，并不能够真真实实地为你带来几个客户，但是微信就不一样了，微信的用户却一定是真实的、私密的、有价值的，也难怪有的媒体会这样比喻"微信1万个听众相当于新浪微博的100万'粉丝'"，虽然有夸张成分，但却有一定的依据性。

（2）可随时随地提供信息和服务，信息和服务能够到达的时间更长。

相对于PC端而言，手机是用户随时都会携带在身上的工具，借助移动端优势，微信天然的社交、位置等优势，会给商家的营销带来很大的方便，同时相对于APP而言，由于不需要下载安装，用户使用更加方便。

（3）富媒体内容，便于分享。

新媒体相比传统媒体的一个显著特点就是移动互联网技术的应用，通过手机等终端可以随时随地浏览资讯传递消息，碎片化的时间得以充分利用，而微信在这方面可谓做到了极致。微信特有的对讲功能，使得社交不再限于文本传输，而是图片、文字、声音、视频的富媒体传播形式，更加便于分享用户的所见所闻。同时用户除了使用聊天功能外，还可以通过微信的"朋友圈"功能，通过转载、转发及"@"功能来将内容分享给好友。

（4）便利的互动性，信息推送迅速，实时更新。

同时，微信作为一款社交软件，其便利的互动性是区别于其他网络媒介的优势所在。尤其是微信公众平台中，用户可以像与好友沟通一样来与企业公众号进行沟通互动。企业通过微信公众号可以即时向公众推送信息，迅速更新。

总之，微信公众服务如果能在物业管理行业得到推广，对于提升物业服务的品质、品牌和形象将大有作用。微信平台为居民提供了一个反馈社区问题的通道，实现商家、企业与业主之间的真实对话。建立企业与业主之间相互信任，互联互惠的良性动态。通过免费建设公众平台，开辟微信在物业服务中的强大功能，在便捷业主的基础上，通过服务赢得发展空间，实现物业服务企业、业主、合作商的三方共赢。

四、物业微信公众号的功能

物业微信公众平台可实现如图7-5所示的六大功能。

图7-5 物业微信公众平台的功能

1.适时的资讯和交流服务

这一服务主要体现在三个方面，如图7-6所示。

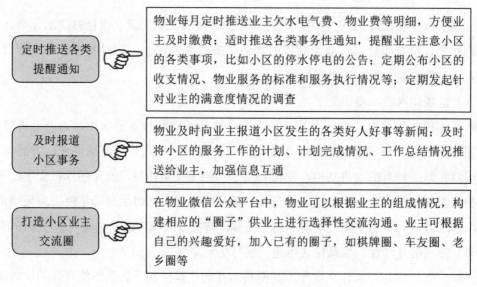

图7-6 适时资讯和交流服务的体现

2.即时的接待和报修服务

物业微信公众平台通过建立"微"客服板块，改变传统的客服接待和报修必须通过电话或亲自前往的模式，业主有任何问题都可以直接在微信上留言，简单的操作即可以实现报修或投诉接待，而且物业通过后台操作，业主的提问可以得到快速的回复和处理。这一做法将可以解决"上班族"因早出晚归无法与物业面对面接待的麻烦，也实现了接待报修的简洁明了。

3.便捷的购物和消费服务

微信公众平台可以针对业主的需求，广泛征集业主意见，通过与源头商、供应商、生产商的合作，形成合作的模式和渠道，以最低的团购价格或批发价格，提供各类与业主生活息息相关的生活类商品的供应链，在平台上进行展示，以供业主进行挑选与购买，实现在线支付，免费送货上门，构建业主生活"最后500米"的"微"商城。

比如，组织大米、无公害蔬菜、非转基因油等商品选购，既能保证商品的质量，又能保证价格的实惠。

4.免费的查询和便民服务

物业的微信公众平台将能提供一系列免费的便民服务，让业主可以通过一个平台便捷地实现多种需求。

比如，业主可以查询近期的天气趋势、查询快递的发送情况、查询车辆的违章信息、查询水电气和物业费的缴纳情况、查询小区停水停电情况和设施设备的突发情况等。

5.独有的积分和优惠服务

物业微信公众平台可以实现会员制和积分制的运行模式，通过积分和会员的运作，让业主享受到更多的、真正的实惠。这一平台可以发起各类针对业主的团购、打折、积分、减免费等一系列的优惠活动，让利于业主。物业会搭建起各类消费和服务平台，鼓励业主通过平台进行消费和使用。业主可以通过积分进行返现，也可以通过会员和积分的特权，在达到一定的消费或活动量后减免相应的物业费用，而这一费用实质上是通过平台的业务量，由商家做了承担，最终得益的是业主和物业双方的共赢。

6.快速的支付和信用服务

物业微信公众平台具有带支付接口，业主可以通过公众平台查询家庭的水费、电费、天然气费、有线电视费、电话费等费用，并直接进行在线缴费。同时，业主还可以通过支付平台直接缴纳物业服务费、公共服务费等。

另外，平台还可以通过与银行等金融单位的合作，推出无担保抵押式的即时贷款服务，为急需资金周转的业主实现短期融资，以解业主燃眉之急。支付和信用服务可以省去业主很多时间和资源的浪费，并为业主带来实惠。

【案例】▶▶▶

××物业公司微信公众平台项目建设方案

1.项目概述

1.1 项目背景

微信作为中国最热门的社交服务平台，也是移动互联网的最大入口，正在演变成为一个巨大的商业交易平台，其对各行业的发展会带来颠覆性的改变。物业公司的服务客户已经普遍拥有了个人微信账户，物业公司只要通过微信公众平台就可以快速地将客户资源整合到物业服务平台上来，进而开展物业在线服务和社区电子商务。

在物业管理过程中因为缺乏有效沟通，业主与物业始终存在着各种矛盾。为化解沟通不畅等问题，有必要借助现代化信息手段和移动互联网技术解决沟通难题，利用线上线下相结合的物业微信沟通平台，实现对物业小区、居民、业主和员工进行标准化管理和服务。

物业服务管理的微信平台，是基于智能手机平台开发的创新物业服务模式。将物业服务、信息通知、物业缴费、周边商铺、社区活动等诸多生活帮助信息及服务整合在一部小小的手机里，为社区住户带来便捷与实惠。

物业微信平台将移动互联网技术运用于传统物业管理服务，搭建业主与物业间即时沟通的桥梁，业主只要动动手指就可以随时随地找到物业，报修求助、查看维修进程、反馈是否满意等意见，可以随时查看小区的通知公告及周边信息。同时它集成了社区服务、周边商家、业主基本生活需求等内容，在周边一公里微商圈内搭建供需交流平台。业主可以享受安心快捷的生活服务，增进邻里交流；商家可以进行品牌推广，互动营销；物业可以借此向多元化管理的盈利模式转型。

1.2 平台用户

编号	角色	用户	功能
1	系统管理员（客服人员）	专职客服人员	负责信息的接收、发送、派工、在线客服
2	物业维修员	各项目维修班长	维修班长负责具体的维修调度及跟进落实
3	物业业主	各住宅小区业主	根据平台软件功能，享受相关物业服务
4	物业服务商	周边商家	视情况将相关信息发送给服务供应商，便于其配合物业公司做好服务工作
5	物业管理人员	（1）公司领导（2）所有管理岗员工	（1）公司领导层可以浏览所有信息，可以根据信息内容直接做出批示并部署相关工作（2）相关部门（项目部）负责人可以浏览与自身职责相关的信息（3）客服中心工作人员可以浏览所有信息，但无法对信息进行人工的筛选过滤。业主所发送的所有信息都将通过数据库自动发送至相关权限人

2. 需求概述

2.1 系统构成

本系统的主要功能由以下模块构成。

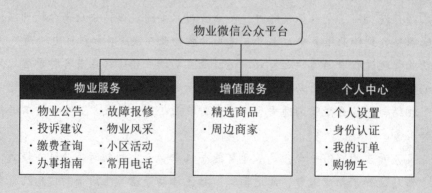

2.2 主要功能描述

2.2.1 物业公告的通知发布

实现向小区业主发布一般通知、公告、紧急通知、节日贺词及注意事项等服务，增加公司信息的传达率。

（1）业主可通过手机微信接收物业推送信息。

（2）针对特定业主的通知推送：实现向特定业主的通知推送，如物业费催交通知等。向重要客户定期发送温馨提示、新闻简讯、节日生日祝福、天气预报等信息。

2.2.2 故障报修

2.2.2.1 故障报修

（1）电话报修。业主打开报修菜单，选择电话报修，软件中会显示该项目部维修人员的联系电话，业主选择维修人员电话，由平台建立拨号通话链接，直接进行电话报修（在客服中描述为派工制）。

（2）在线报修。业主选择在线报修菜单，通过手机编辑文字（可设置快捷拍照功能，对需维修的地方进行拍照上传，便于维修人员了解情况），将需报修的信息提交至客服中心，由客服中心统一受理，并将受理结果（包含责任人、到场时间）反馈给业主。

2.2.2.2 维修响应

客服中心根据业主发送的报修信息，在系统中选择对应的维修工实施派工，将维修信息发送至维修工的客户端。

维修工收到派工信息后（必要时与业主提前电话联络），在客户端进行确认，客户端自动将派工信息反馈至业主。反馈信息包括到场时间、到场人员、联系方式等。

2.2.2.3 预约维修

"预约维修"的报送流程与"故障报修"流程相同，业主可通过客户端将预约维修的相关需求进行编辑，预约维修内容可以超出常规性维修范围。

客服中心在收到业主的预约信息后，对报修信息进行审核，可通过电话沟通的方式对业主需求进行详细了解。

2.2.2.4 维修反馈

维修工完成维修后，引导业主在客户端上对本次服务进行评价，评价信息将直接发送至客服中心。

（1）服务完毕，业主通过平台对本次服务进行评价，评价结果作为公司对员工的考核依据。

（2）每完成一次维修服务，软件会自动将本次服务情况储存进数据库，客服人员根据服务派工信息定期进行电话回访，并将回访结果录入数据库。数据库在定期内自动形成客户服务数据分析报告（包括次数、完好率、满意率等）。

2.2.3 投诉建议

实现客户意见建议直接接收,并可实时反馈及跟踪,持续改进服务质量,提升客户满意度。

2.2.3.1 投放方式

投诉仅限于一对一投诉,不可发帖串联等。

2.2.3.2 信息反馈、回访流程

(1)业主发送信息后,客服中心经过受理(内部流程由物业公司结合自身情况制定),将反馈信息通过平台发送给业主(或采取电话联系的方式)。服务完毕,业主通过平台对本次服务进行评价,评价结果作为公司对员工的考核依据。

(2)对业主完成信息反馈后,平台会显示该项物业服务的办理进度,相关权限人可以查看办理进度,便于跟踪掌握员工的工作情况和服务质量。

(3)每完成一次物业服务,软件会自动将本次服务情况储存进数据库,客服人员根据服务信息定期进行电话回访,并将回访结果录入数据库。数据库在定期内自动形成客户服务数据分析报告(包括次数、完好率、满意率等)。

2.2.4 缴费查询

业主通过手机在线查询物业欠费以及每月账单,并可通过手机支付功能缴纳欠费、预缴物业费,以及为停车卡充值续费。真正做到随时随地查费缴费,既可以方便客户,也能够帮助物业服务公司提高费用收缴率。

缴费查询模块提供以下服务。

(1)费用查询。

◆实现物业管理费用、停车费等物业费用查询。

◆可以查本业主的应缴、已交、未到期等费用。

◆也可查本小区应公布的相关公共费用收支情况,如大修基金等。

(2)费用提示及催缴。

◆缴费提示。根据业主的缴费信息,在数据库系统设置自动缴费提醒,将业主的缴费日期、应缴金额发送至业主。

◆费用催缴。根据系统显示的业主欠费信息,挑选欠费金额较大的业主,通过平台发送催费函。

2.2.5 小区活动

物业可在平台发布、组织一些活动,业主在微信平台报名参加,后台统计报名、参加人数。

2.3 后台主要功能描述

2.3.1 业主信息管理

在平台设置注册菜单，业主通过注册，设置账号密码，在注册过程中填写与业主相关的身份信息和住宅信息。客服中心通过业主填写信息与历史数据进行核对，及时更新、完善业主信息，通过数据库建立业主信息电子档案。

业主扫描二维码进入注册页面，填写基本信息并设置登录账号密码即可。

目前一般使用黑名单制，即业主注册就可用，物业可以慢慢审核，发现有问题的可以立即关闭其账户。一个业主用户只能登录一个小区。

2.3.2 客服中心管理

客服中心设置专职人员负责软件平台的运营维护工作，配置如下。

（1）信息管理员1名，负责系统的管理、维护；信息的汇整、发送；业主档案资料的管理工作。

（2）客服专员1名，负责服务热线接听、在线受理咨询、投诉；维修派工、服务回访工作。

2.3.3 维修员工管理

将各项目部的维修工个人信息和联系方式录入数据库中，客服中心根据业主发送的报修信息，在系统中选择对应的维修工实施派工，将维修信息发送至维修工的客户端。

2.3.4 信息查询权限管理

业主通过平台所发送的所有信息都将被储存至客服中心的数据库，根据物业公司行政职级和职责，设定不同的信息浏览权限。浏览权限设置如下。

（1）公司领导层可以浏览所有信息，可以根据信息内容直接做出批示并部署相关工作。

（2）相关部门（项目部）负责人可以浏览与自身职责相关的信息。

（3）客服中心工作人员可以浏览所有信息，但无法对信息进行人工的筛选过滤。业主所发送的所有信息都将通过数据库自动发送至相关权限人。

（4）业主可以通过软件平台浏览已发送信息的办理进度和客服中心的反馈信息。

2.3.5 商家管理

商家属性包含以下项目（*号为必填项目）。

商家名称*：填写商家名称（商家名称允许重复）。

展示图片：商家展示图片。

联系人*：商家联系人姓名。

手机、电话、QQ号：商家用于客户联系的方式。

商家地址*：商家的店铺地址。

标签*：商家分类标签，点击选择。

商家简介：介绍商家的基本情况。

商家推荐：店铺的特色商品、招牌产品推荐。

特色服务：添加可以提供的服务。

营业时间：商家的正常营业时间展示。

2.3.6 订单管理

"小区商家"订单分为"货到付款"订单和"在线支付"订单，当订单状态为"待配送"时，需要管理员对订单进行配送处理（"货到付款"订单，用户提交订单成功后状态即为"待配送"；"在线支付"订单，用户只有提交订单并支付成功后，订单状态才会变为"待配送"）。"货到付款"的订单管理员可随时取消订单，用户也可随时取消订单。"在线支付"的订单支付成功后，用户与管理员均不可取消订单。

3. 技术架构

（略）

4. 风险管理

（略）

5. 实施过程规范及验收标准

（略）

6. 项目效益评估

（略）

7. 服务响应方案

（略）

8. 项目报价

（略）

五、物业微信公众号的搭建

物业微信公众号的搭建可按如图7-7所示的步骤来进行。

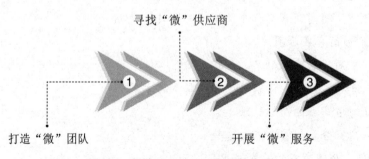

图7-7 搭建物业微信公众号的步骤

1. 打造"微"团队

物业服务企业应根据信息化时代的要求，组建起相应的团队，以更好地适应"微"服务时代的需求。有关专家指出，物业服务的"微"团队打造应注重两个方面。

（1）后台团队的建设。这是软件设施的建设，要具有相应的微信操作能力的团队，要形成一整套微信平台服务规程和制度，以保证"微"物业服务的有序和平稳运行。

（2）前台团队的建设。前台团队实际是指相应的与微信平台提供的物业服务内容相配套的工作人员。因为微信时代的物业服务已经不是传统的保安、保洁、绿化物业基本服务，而是会涉及物业管理经营，将会产生相当部分的针对少数业主的个性化或特色化的服务，因此必须有一支过硬、素质高、精通各专业的"多功能"团队。

2. 寻找"微"供应商

物业服务"微"平台运作的好坏在很大程度上会取决于上游供应商的好坏和信誉，供应商提供的服务会直接面对业主，如果出现商品质量不过关、服务态度不友善、服务水平跟不上等情况，影响到的将是物业服务企业的可信度和诚信度。因此，物业企业应积极开展先期调查和筛选，在市场上寻找信誉高、质量优、服务好的合作商，建立长期的合作关系，形成完整的服务供应链，保证物业服务微信平台的稳定和诚信。

3. 开展"微"服务

"微"时代的物业服务才刚刚出现，很多事务并没有现成的经验可以借鉴，这就需要物业服务企业切实地重视"微"服务。

（1）着手建立起"微"服务的考核体系。要通过调整企业的运作模式，建立起与"微"服务相适应的制度体系；要通过制度体系的完善，建立起一套考核监督体系，确保服务过程中的每一个细节都能得到完整的执行和监控。

（2）要实施规模化运作。"微"物业服务涉及的很多服务类似于营销类的业务，由于需要让利于业主，让业主得到实惠，其利润空间并不大，所以需要业务达到一定的量才能有相应利益空间。这就需要物业服务企业要利用自身的项目优势，集中尽可能多的物业项目，发展尽可能多的微信平台用户，扩大尽可能多的业务量，以弥补物业服务运作的成本，争取相应的收益。

六、物业微信公众号的推广

1. 初期的推广方式

物业微信公众号的推广方式有如下几种。

(1) 在社区、小区内张贴二维码海报。
(2) 社区、物业发放信件或短信提醒。
(3) 召集小区内主动缴纳物业费的业主开会宣传。
(4) 社区或联合商家举办活动时扫二维码宣传。

2. 深入的推广

为了能更好地推广物业服务公众号平台，可分两个阶段实施。

(1) 第一阶段主要有两个工作要做。

第一，整合物业小区周边的商业、周边的配套。物业公司应认真地做市场调研，把小区周边一公里（个别三公里）的所有商业都整合起来，主要包括餐饮、酒店、娱乐、超市、医疗、美容美发、快递、宠物、打字复印等行业，都放到平台上面，收集各个商家的优惠政策，及时传递给小区的业主，让业主感受到实实在在的优惠。存在就得创造价值，物业公司的存在就是为业主创造优惠和便利。物业公司给小区周边的商业提供了展示的平台，就可以相对减少商家在小区里投放纸质广告的数量，既方便了业主，又美化了环境。同时，物业公司所做的这些还会提高物业的品牌形象，会使物业有一个好的口碑。物业公司还可和相关行业定期在小区举行联合营销，更把实惠带到业主面前。

第二，做好广告推广。物业公司可根据业主的需求或者市场的规律，有选择性地洽谈一些大众口碑好的品牌企业，或者区域性强的本地企业，本着为业主带来利益，在不违反法律、法规、道德的情况下，与企业达成广告推广协议，给业主的生活带来便利。

(2) 第二阶段主要也是有两个工作要做。

第一，整合房屋租售市场。挑选有信誉、有实力、有发展的房屋中介机构合作，共同整合区域内的房屋租售市场。

第二，整合平台的模块链接。当平台内的业主数量也就是关注数量达到一定值的时候，可以以模块的方式和周边有实际需求的企业或者商业开展深层次的合作。

比如与电影院合作，可在平台上专为院线开设一个模块，让院线的最新影讯及时传递到业主面前，方便业主选择。

3. 微信公众号的内容推送

能否不断吸引小区业主成为公众号的"粉丝"，甚至吸引周边小区业主关注，关键在于物业微信公众能否有高质量的内容推送。物业微信公众号的推送内容可以如图7-8所示的几个方面来着手。

(1) 业主信息墙。现在各类私房甜品、私房菜层出不穷，小区肯定少不了业主是从事微商或者其他生意的，这部分业主有着将信息告知周边业主的需求。微信公众号编辑推送这部分信息，既帮助了做生意的业主，也方便了小区其他业主的生活。当然信息墙

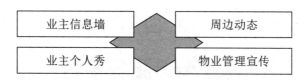

图7-8 微信公众号的内容推送

还可以包括但不限于邻里求助、旧物易换、拼车、邻里活动等信息。

（2）业主个人秀。小区业主中间其实藏龙卧虎，有各类文艺才华的业主不在少数。尤其是已退休的老干部和青少年学生，这部分人群需要有平台来展示他们的才艺，也渴望有更多的人关注他们的生活。因此定期推送业主的摄影、绘画、诗词和文章等作品，有利于丰富公众号的推送内容，也有利于提升小区的文化品位。

（3）周边动态。物业公司在小区本身就是一个信息汇聚点，无论是社区街道的相关政策，还是周边交通、配套等信息，物业公司都会或多或少地了解一些。因此定期推送周边动态，让业主及时知晓社区街道的最新政策通知、周边的交通状况、周边商家的打折信息、区域的趣味活动等，都能有效吸引业主不断关注公众号的推送内容。

（4）物业管理宣传。目前内地物业管理法律意识和消费意识的普及还有比较长的路要走，小区微信公众号推送有关物业管理的相关宣传，既是普及知识，也是解决物业服务企业与业主之间信息不畅和信息不明的有效途径。微信公众号有关物业管理的宣传要把握好如图7-9所示的几个关键点。

关键点一	每次选取宣传的点要尽量小。比如"宠物豢养"这个宣传面很大，但是"文明养宠"这个点就相对较小
关键点二	要多配图片或者图文并茂，切记大篇幅的文字说教，否则难以起到作用
关键点三	要学会运用吸引人点击的标题。切勿使用生硬、说教、灌输之类的标题。要通过"有趣、疑问、意犹未尽、有话没说完"等方式拟定标题，以吸引业主"粉丝"点击

图7-9 微信公众号有关物业管理宣传的关键点

> **小提示**
>
> 微信公众号的运营，越往后就越能体现"内容为王"的真理。众多微信公众号通过发红包、送礼品甚至推送一些低俗笑话、视频的方式既不符合物业小区微信公众号的运营准则，也不能保证公众号的持续健康运营。

第四节 物业APP服务平台

一、何谓物业APP

物业APP是一个手机平台,以物业企业为中心,将业主、物业服务、社区商户整合在一起,通过物业企业的组织协调,最终完成生活消费"最后一公里"服务。

二、建立物业APP平台的益处

因为缺乏有效沟通,业主与物业始终存在着各种矛盾。为化解沟通不畅等问题,有必要借助现代化信息手段和移动互联网技术解决沟通难题,利用线上线下相结合的物业APP沟通平台,实现对物业小区、居民、业主和员工进行标准化管理和服务。具体来说,建立物业APP具有如图7-10所示的好处。

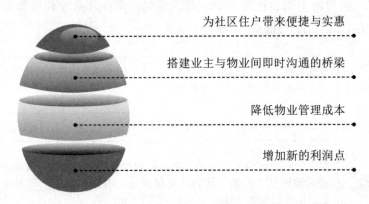

图7-10 建立物业APP平台的益处

1. 为社区住户带来便捷与实惠

物业服务管理的APP平台,是基于智能手机平台开发的创新物业服务模式。将物业服务、信息通知、物业缴费、周边商铺、社区活动、社区养老、社区圈子等诸多生活帮助信息及服务整合在一部小小的手机里,为社区住户带来便捷与实惠。

2. 搭建业主与物业间即时沟通的桥梁

物业APP系统将移动互联网技术运用于传统物业管理服务,搭建业主与物业间即时沟通的桥梁，以服务网站、手机APP客户端、官方微信和客服呼叫中心四个平台为载体，最大限度地方便业主用户使用，业主只要动动手指就可以随时随地找到物业，报修求助、查看维修进程、反馈是否满意等意见，可以随时查看小区的通知公告及周边信息。

3.降低物业管理成本

APP带给物业企业的是降低成本，APP平台可完全代替常规的物业收费软件，在功能上更加完善，使用起来也更加的方便。同时，APP使用移动终端为载体，可以实现所有派工无纸化，降低办公耗材的使用。工作人员不用再奔波于业主家中与客服中心之间，大大地缩短了工作人员在途时间。

4.增加新的利润点

APP搭建的平台为物业管理带来了新的利润增长点。

它集成了社区服务、周边商家、业主基本生活需求等内容，在周边一公里微商圈内搭建供需交流平台。业主可以享受安心快捷的生活服务，增进邻里交流；商家可以进行品牌推广，互动营销；物业可以借此向多元化管理的盈利模式转型。

在这个平台上物业公司已经不再单纯地是一家物业公司，而是一家综合性的服务公司。将物业公司具备的资源（人力资源、商业资源、业主资源）深度挖掘，物业公司要做的就是组织协调。

三、物业APP的功能

一般来说，物业APP应包括但不限于以下功能。

1.物业报修

业主可以通过APP在线预约物业公司的维修服务。在接受服务之后，业主可对维修结果进行评分和点评。

2.物业通知

物业公司可以通过后台发布物业通知，每次新发布一条通知，当前所在小区的所有住户，均会立即收到一条推送消息提醒。

3.物业账单及在线缴费

通过APP即可直接查看每月的物业账单信息。同时支持在线缴纳物业费的功能，系统内置账单管理系统，可实现物业内部的账单和财务管理。

4. 投诉建议

业主通过APP，向物业公司提出投诉或意见，物业公司后台接收，并及时回复。所有投诉建议单都在系统后台保留，形成台账，清晰地保留每一次的业主投诉建议记录。

5. 访客出入通行证

访客要进出小区，业主可直接通过APP输入访客姓名、手机号、车牌号等信息，再由APP通过短信向访客发送邀请密码及出入口车辆通行授权，让访客能即时进出小区。

6. 社区市场

物业公司和业主均可以通过APP，发布交易买卖信息，交易买卖分为：二手交易、房屋出售、房屋出租、建材市场等多个类型，打造社区交易市场。

7. 便民服务

按家政、洗车、二手交易、家教等分类的模式，展现社区周边的便民服务设施。所有入驻的便民服务企业，均与运营商预订了专属优惠条款，社区住户独享。

8. 社区活动

通过图文并茂的形式展示社区的各种商业、文化、体育、社会活动。一方面，用户可以通过APP，报名参加自己感兴趣的活动；另一方面，对于已经举办完的活动，可以展示活动的内容及精彩图片，与居民分享。业主们也可以在平台上互动交流。

【案例】▶▶

××小区物业APP方案

一、项目现状分析

物业管理目前已经进入转型升级的新阶段，这是一个变革的时代，商业模式的创新，互联网技术的广泛应用，颠覆着很多传统的东西。而物业管理面临的严峻经营压力，也逼迫行业要通过开源节流和自救自强去寻找新的出路。在这种情境下，如何用互联网改造传统物业管理，必然成为行业的一个热议命题和实践焦点！

二、项目需求分析

1. 物业公司

（1）物业公司急需加强与业主的沟通以提高服务水平。

（2）物业公司急需在物业费催缴、物业管理通知、物业信息查询、业主物业投诉、业主意见征询、业主感情交流等多个方面加强与业主的沟通，以规避物业纠纷的发生，提高物业费回收比例。

（3）传统的沟通方式是小区内板书、宣传栏、宣传页等，甚至逐户通知，成本高且容易发生遗漏。

（4）物业公司加强内部管理、降低服务成本的需求也非常迫切。

2.小区业主

（1）业主需要及时获取各类物业信息、政策法规并反馈问题。

（2）业主需要及时获知物业维修及物业管理，水、电、燃气、热力等各类信息，各类政策法规以及时做出反应和处理。

（3）避免由于物业通知不及时，造成业主生活不便或经济损失，引起物业纠纷。

三、项目服务介绍

1.服务对象

对象	主要内容
物业公司	完成各项物业服务内容分发及服务数据移动终端显示
小区业主	小区业主提供周边物业信息，方便业主衣、食、住、行等日常生活便利

2.物业公司基本服务内容

	基础物业服务
社区公告	发布各种社区公告，及时通知业主，例如停水、停电通知。向业主发送温馨提醒，节日祝福，体现物业公司对业主的关心，促进社区和谐发展。公告可由物业发布，也可由业主拍照上传
社区黄页	提供社区及周边的各类生活服务信息，方便业主查询热线电话并可以一键拨号，如物业、居委会、家电维修、会所休闲、衣物干洗、快递服务、订餐送水、废品回收、开修换锁、管道疏通、物流搬家等
物业缴费	物业费、停车费、水电煤等能源费及其他费用的在线查询及缴纳
投诉报修	业主可以通过在线投诉报修外，还可以通过拍照的方式把要投诉的内容实时上传到物业运营中心，通知物业及时处理，同时业主也可以对物业进行表扬

3.小区业主增值服务

服务项目	主要内容
房屋租售	业主可结合房产中介的数据和服务支撑，在APP上查询自有房屋的评估价值，以及物业周边房屋、车位的租赁、买卖情况。另外，业主可以通过APP租售自有房屋
快递代收	物业代收快递，通过平台将取件码发送给业主，业主凭取件码取件

续表

服务项目	主要内容
上门有偿维修	通过清单式服务列表，明码标价，向业主提供快速便捷的入户有偿维修服务，如家庭内部电路维修、家庭内部水路维修等
其他费用代收代缴	通过与其他收费平台对接，为用户提供水、电、煤气费用以及通信费、热源费等代收代缴服务
家电维修	向客户提供家电故障检测及维修服务
便民查询	通过其他查询平台信息接入，向客户提供快递、公交线路、违章、常用电话、生活常识、新闻资讯等查询服务
预订服务	通过其他平台信息接入，向客户提供机票、火车票、电影票、演唱会门票等的预订服务，还可以延伸至餐厅预订、外卖预定、KTV预订等其他服务
定期探访	对独居空巢老人可按设定，定期登门探访
约定服务	按老人或子女约定，实现送菜、送餐、送医以及老人保洁等有偿服务

4. 社区互动服务

服务项目	主要内容
二手市场	可以在二手市场发布转让或者求购信息
宠物	在宠物板块可以发布关于宠物的转送、领养和约会主题
拼车	发布拼车信息，包含起点、终点和时间信息，可以找乘客或者找车主
家教	发布家教信息。可以推荐和被推荐，发布的信息包含家教标签、价格、性别、年龄、照片、标题和内容等信息
家政	发布家政信息。可以推荐和被推荐，发布的信息包含家政标签、价格、性别、哪里人、年龄、照片、标题和内容等信息
论坛	论坛是小区沟通交流的平台，可以发表帖子、发起活动和发起投票等主题

5. 社区商业服务

服务项目	主要内容
便利店快送	将社区周边的便利店引入APP平台，并分类陈列。业主可以在线选购所需商品并提交订单，便利店完成配送，实现线上到线下的快捷消费体验
网上开店	小区业主或者商铺可以自行申请开店，通过店铺可以让邻居发现在淘宝或者其他平台上的商品。店铺信息包含名称、地址、链接和简介等信息。如果是个人用户需要验证身份证信息；如果是店铺，除了需要验证身份证信息外，还需要验证营业执照

6.在线商城

服务项目	主要内容
商户查询	平台收集小区周边的各类生活服务提供商并进行分类（例如美食、美发、超市、中介等），让居民足不出户便掌握小区周边的各种生活消费信息，还能查看商家电话和商店地址，对商家信息进行全面了解
商家评论	可以对商家进行评论（好评或者差评），通过商家口碑度对商家进行搜索排序，提升居民的消费满意度
团购服务	商家可以在平台上销售自己的商品和服务，平台不定期提供团购活动，在商家和社区居民间搭建直通桥梁，省去中间流通环节，让利于居民的同时也使商家的利润最大化

7.特色服务

服务项目	主要内容
社区轻问诊移动挂号	推出轻问诊在线挂号，迎合用户的需求痛点
社区健康"O+O"	Online+Offline，线上明星教练评选互动+线下运动场地设施预约，开创社区健康互动新模式，活跃普及社区健康休闲文化，促进社区现有运动设施更高效的被利用，促进社区周边健康产业链发展，既丰富了社区居民对健康生活的体验，又建立了社区招商引资的新入口

四、项目特色

1.基础服务延伸

（1）服务内容延伸。目前，社区O2O行业的服务内容主要集中在家政、洗衣、外卖等更多面向单身青年或年轻夫妻的领域，而面向其他人群的社区O2O服务尚未出现，比如老年人服务、学龄前儿童服务等。相信随着互联网普及率的逐渐提升以及相关规章制度、监管体系的完善，更丰富、更具创新性的社区O2O服务内容将会陆续涌现。

（2）服务渠道延伸。现阶段，社区O2O主要优化的是服务端与需求端之间的渠道，而为了更深入地优化和整合产业链，进一步提升服务效率和质量，社区O2O将向产业链上游延伸。一方面是优化劳务人员与服务企业之间的渠道，包括招聘、培训等；另一方面则是优化企业与企业间的渠道（B2B），包括采购、仓储等。

2.周边服务拓展

（1）服务拓展的必然。社区O2O高频服务的用户消费频次通常低于其他区域内的同类服务，这也就意味着以垂直领域切入社区O2O服务的互联网企业在确保核心业务良性发展的前提下，需要基于这一核心业务培育的用户群体去拓展其他低频次、高单价的服务。这一方面是为了寻求更高利润空间的服务；另一方面也会在一定程度上避免单一服务经营的风险。

（2）服务拓展的方向。其一是基于核心服务资源拓展与之相关的服务内容，比如餐饮外卖O2O的核心服务资源是配送，那么基于配送可以延伸至商超宅配、生鲜宅配等服务；其二是基于现有用户群体的核心需求扩展与之高度相关的服务内容，比如家政服务目标用户的核心需求是改善生活品质，那么通过上门保洁人员的再培训可以为用户提供更丰富、更高体验的其他家庭服务，比如做饭、洗衣等。

3.增值服务创新

（1）基于实体资产的服务创新。这类增值服务创新将由物业公司、传统服务企业以及重模式互联网企业所推动，上述公司凭借自身的实体服务资源开发增值服务，比如房屋租赁（物业公司协助业主管理房屋的租赁）、门店资源共享（开放自身线下门店为第三方提供服务）、社区O2O营销（物业公司基于社区内设施管理权限开展线上和线下结合的营销服务）等。

（2）基于虚拟资产的服务创新。这类增值服务创新将由物业公司、互联网企业以及相关行业企业所推动，上述公司凭借自身的品牌、经验、流量等虚拟资产开发增值服务，比如社区金融（开发基于物业费、房租的金融产品）、社区交友（基于社区业主信息开发交友甚至旅游服务）、流量服务（为第三方网站导入流量）等。

APP界面

第八章
智慧物业车辆管理系统

第一节
停车场管理系统

一、何谓停车场管理系统

停车场管理系统是一个以非接触式智能IC卡为车辆出入停车场凭证、以车辆图像对比管理为核心的多媒体综合车辆收费管理系统，用以对停车场车道入口及出口管理设备实行自动控制、对在停车场中停车的车辆按照预先设定的收费标准实行自动收费。该系统将先进的IC卡识别技术和高速的视频图像存储比较相结合，通过计算机的图像处理和自动识别，对车辆进出停车场的收费、保安和管理等进行全方位管理，如图8-1所示。

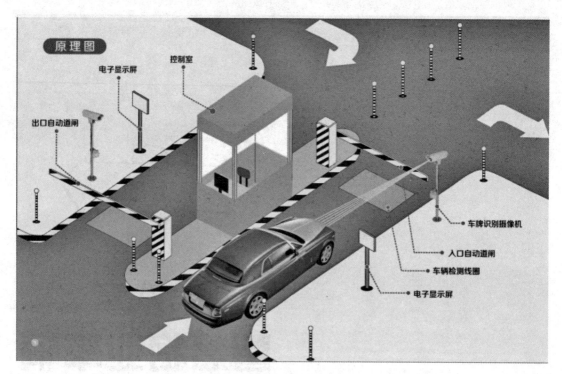

图8-1　停车场管理系统架构

二、停车场管理系统的功能

1.数据处理功能

停车场系统具有功能强大的数据处理功能，可以对停车场管理中的各种控制参数进行设置、IC卡挂失和恢复，可以进行分类查询和打印统计报表，并能够对停车场数据进行管理。

2.图像对比功能

停车场管理系统具有图像对比功能，通过该功能可以将入场的车辆外形和车牌编号摄录下来并保存在服务器数据库中，当车辆出场读卡时，屏幕上自动出现车辆在出口处摄录的图像和在入口处摄录的图像，操作人员可以将出场的车辆与服务器中记录的IC卡号和摄录的图像进行对比，在确定卡号、车型、车牌编号等与记录相符后，启动自动道闸升起闸杆，放行车辆。

车辆入场时，司机将IC卡放在入口控制机的读卡区域前读卡，如果读卡有效，自动道闸的闸杆抬起，允许车辆进入，车辆通过入口处的自动道闸后，闸杆自动下落，封闭入口车道。

当车辆出场时，司机在出口控制机的读卡区域读卡，出口控制机在自动判断卡的有效性后，出口处的自动道闸闸杆抬起放行车辆，车辆通过自动道闸后，闸杆自动落下，封闭出口车道，如果停车超期、超时或IC卡无效时，出口自动道闸仍处于禁行状态。

对于临时停车的车主，在车辆检测器检测到车辆后，按入口控制机上的取卡按键取出一张IC卡，并完成读卡、摄像和放行，在出场时，在出口控制机上读卡并交纳停车费用，同时进行车辆的图像对比，无异常情况时由管理人员开闸放行。

三、停车场管理系统的特点

全新概念停车场智能管理系统应具有图8-2所示的特点。

01 使用方便快捷

02 系统灵敏可靠

03 设备安全耐用

04 能准确地区分自有车辆、外来车辆和特殊车辆

05 即时收取停车费及其他相关费用，增加收入

06 提前收取长期客户的停车费

图8-2

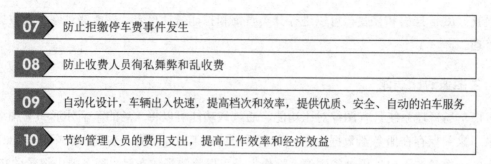

图8-2 全新概念停车场智能管理系统的特点

四、停车场管理系统的结构

智能停车场管理系统可以采用各种网络拓扑结构，服务器与管理工作站为局域网（LAN）形式连接，计算机对下位机以RS485总线型连接，简洁并且投入使用快，系统稳定性好，投资回报率非常高。

比如，智能停车场管理系统的拓扑结构如图8-3所示。

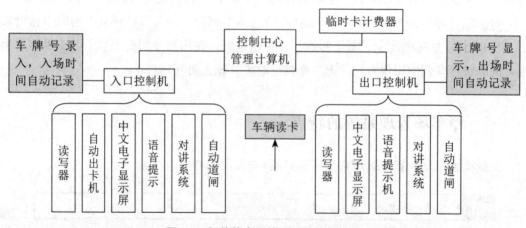

图8-3 智能停车场管理系统拓扑结构

五、停车场管理系统的组成

停车场管理系统由道闸、地感线圈（车辆检测器）、出入口控制机、图像对比系统、车牌自动识别系统、远距离读卡系统、数据库系统、收费系统、岗亭设备、管理软件等设备组成。

1.道闸

（1）道闸的组成。道闸主要由主机、闸杆、夹头、叉杆等组成，而主机则由机箱、机箱盖、电机、减速器、带轮、齿轮、连杆、摇杆、主轴、平衡弹簧、光电开关、控制盒以及压力电波装置（配置选择）等组成。

（2）道闸的控制方式。道闸的控制方式也有两种，即手动和自动两种。手动闸是栏杆的上升和下降由手控按钮或遥控器来操作；自动闸是栏杆的上升由手控/遥控/控制机控制，下降由感应器检测后自动落杆。

（3）道闸的分类。道闸可分为直杆型、折叠杆型、栅栏型三种类型，如图8-4所示。

(a) 直杆型

(b) 折叠杆型

(c) 栅栏型

图8-4　道闸的分类

2.地感线圈（车辆检测器）

（1）地感线圈的工作原理。当有车轮压在地感线圈上时，车身的铁物质使地感线圈磁场发生变化，地感模块就会输出一个TTL信号。进出口应各装两个地感模块，一般来讲，第一个地感作用为车辆检测，第二个地感则具有防砸车功能，确保车辆在完全离开自动门闸前门闸不会关闭，如图8-5所示。

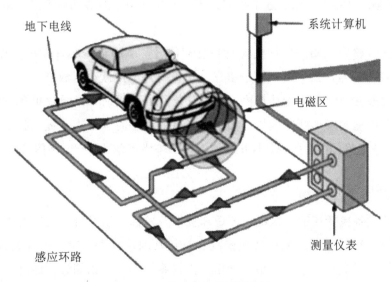

图8-5　地感（车辆检测器）演示

（2）地感线圈的功能。

① 当车辆在地感线圈上时，所有关信号无效，即栏杆机不会落杆。

② 当车辆通过地感线圈后，将发出一个关信号，栏杆机自动落杆。

③ 当栏杆正在下落过程中，若有车轮压到线圈，栏杆将马上反向运转升杆。

④ 与手动、遥控或计算机配合可完成车队通过功能。

3.出入口控制机

出入口控制机用于停车场出入口的控制，实现对进出车辆的信息显示、语音操作提示等基本功能，是整个停车场硬件设备的核心部分，也是系统承上启下的桥梁，上对收费控制计算机，下对各功能模块及设备。

（1）入口控制机。入口控制机内一般由控制主板（单片机）、感应器、出卡机构、IC（ID）卡读卡器、LED显示器、出卡按钮、通话按钮、喇叭、专用电源等部件组成。入口控制机的工作原理如下。

当车辆驶入感应线圈，单片机检测到感应信号，驱动语音芯片发出操作提示语音，同时给LED发出信号，显示文字提示信息。司机按操作提示按"取卡"键后，单片机接受取卡信号并发出控制指令给出卡机构，同时对读卡系统发出控制信号。出卡机构接到出卡信号，驱动电机转动，出一张卡后便自动停止。读卡系统接到单片机的控制信号开始寻卡，检测到卡便读出卡内信息，同时将信息传给单片机，单片机自动判断卡的有效性，并将卡的信息上传给计算机。单片机在收到计算机的开闸信号后便给道闸发出开闸信号。

（2）出口控制机。出口控制机内一般由控制主板（单片机）、感应器、收卡机构、IC（ID）卡读卡器、LED显示器、通话按钮、喇叭等、专用电源等部件组成。出口控制机的工作原理如下。

当车辆驶入感应线圈，单片机检测到感应信号，驱动语音芯片发出操作提示语音，同时给LED发出信号，显示文字提示信息。司机持月卡在读卡区域刷卡，单片机自动判断该卡的有效性并将信息传给计算机，等待计算机的开闸命令。单片机在收到计算机的开闸信号后便给道闸发出开闸信号。如果司机持的是临时卡，将卡插入收卡口，收卡机将卡"吃进"收卡机构中，并向计算机传送卡号，等待计算机发出开闸信号，开闸后收卡。

4.图像对比系统

图像抓拍设备包括抓拍摄像机、图像捕捉卡及软件。摄像机将入口及出口的影像视频实时传送到管理计算机，入口系统检测到有正常的车辆进入时，软件系统抓拍图像，并与相应的进出场数据打包，供系统调用。出口系统不仅抓拍图像，而且会自动寻找并调出对应的入场图像，自动并排显示出来。抓拍到的图像可以长期保存在管理计算机的数据库内，方便将来查证。图像对比组件的主要作用如图8-6所示。

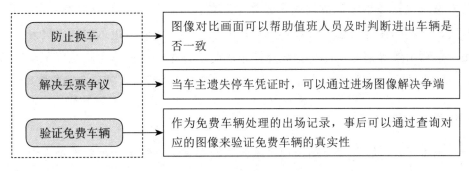

图8-6　图像对比组件的主要作用

5.车牌自动识别系统

车牌自动识别组件是建立在图像对比组件的基础上，利用图像对比组件抓拍到的车辆高清晰图像，自动提取图像中的车牌号码信息，自动进行车牌号码比较，并以文本的格式与进出场数据打包保存。车牌自动识别组件的主要作用如图8-7所示。

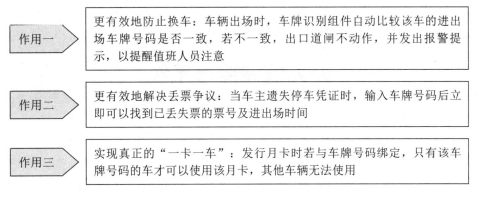

图8-7　车牌自动识别组件的主要作用

6.远距离读卡系统

远距离读卡器应用微波传输和红外定位技术，其主要功能是实现车辆和路边设备的数据传输和交换，以适应不停车识别的各种应用需要。

远距离读卡系统主要针对月卡车辆，车主无需停车取卡/刷卡，不用摇窗，不用伸出手即可自动感应读卡开闸。

7.数据库系统

数据库系统主要包括车牌识别结果、车辆图像的存储、车辆进出时间的记录以及停车时间和收费金额的计算等。

数据系统包括停车车辆数据库和驶离车辆数据库。停车车辆数据库包含车牌号码、进入时间、车辆图像等信息。驶离车辆数据库包含车牌号码、进入时间、离开时间、停车费用、车辆图像等信息。当车辆离开停车场时，该车辆相关信息将从停车车辆数据库中删除，其信息随同车辆离开时间、停车费用、收费方式等写入驶离车辆数据库。

8.收费系统

当车辆离开时，经车牌自动识别系统检测及车牌识别结果，可对数据库中该车辆的相关记录进行查询，并计算相应的停车时间及停车费用。而后根据车主选定的收费方式进行自动收费、人工收费或半自动收费等。

为实现临时停车场的高效收费，收费系统可对停车车辆提供三种不同模式的收费服务，即手机支付的自动收费模式、一卡通支付的刷卡收费模式以及现金支付的人工收费模式，并通过设置不同收费模式的专用收费口来实现自动收费与人工收费相结合的高效且人性化的停车收费服务。

第二节
无人值守停车系统

一、何谓无人值守停车系统

无人值守收费管理系统以车牌识别技术为基础，以移动支付为收费方式，从而实现无卡收费、无人值守的停车场智能化管理系统（图8-8），其核心设计在于以下三方面。

图8-8　无人值守停车场

（1）降低管理方的人员成本。

（2）提高车辆进出效率。

（3）提高物业管理水平。

二、无人值守停车系统车辆管控

车辆入场停车后，车位检测器通过可视化的视频识别技术，将车牌号、停车时间、停车抓图等停车信息上传到平台；然后，平台下发指令将车位状态和引导屏信息进行实时更新。

1.固定车辆入场

车牌识别仪自动识别车牌，如果车牌有效，道闸的闸杆自动抬起，允许车辆进入，车辆通过入口处的道闸后，闸杆自动落下，封闭入口车道。

2.固定车辆出场

车牌识别仪自动识别车牌，系统自动判断车牌的有效性，出口处的道闸闸杆自动抬起放行车辆，车辆通过道闸后，闸杆自动落下，封闭出口车道；如果车牌无效时，出口道闸处于禁行状态，不开启。

3.临停车

车牌识别仪自动识别车牌，系统自动完成车牌入场登记、摄像和放行。出场时，可通过人工缴费或自助缴费后，车牌识别仪自动识别车牌，系统判断缴费正常后，道闸开闸放行。

三、无人值守停车系统的收费模式

无人值守停车管理系统支持多种停车费支付模式，包括微信支付、支付宝支付以及支持储值应用模式、支持自助缴费终端模式，可实现停车场无现金收费方式。

1.扫码支付

在停车场内显眼处粘贴固定的付款二维码，车主在开车出场前使用微信、支付宝、手机QQ等APP的扫码功能扫描付款二维码，在弹出的页面中输入车牌号，查询、缴纳停车费，如图8-9所示。

图8-9 扫码支付停车费

图8-10 自助缴费机

另外，车辆出场时车场票箱的LED屏幕上也会生成一个付款二维码，车主通过微信、支付宝、手机QQ等APP扫码，无需输入车牌号就可以查费缴费，缴费成功后道闸自动抬杠放行。

2.在线缴费

车主可下载安装相应的APP，绑定车牌号之后即可查缴停车费，同时还支持月卡续费、访客代缴的功能。

车主也可以关注微信公众号，并在公众号中绑定车牌号码，同样可以查缴停车费。

3.自助缴费

停车场内放置自助缴费机，车主可以通过自助缴费机查缴停车费，并通过微信、支付宝扫描缴费机生成的二维码或刷银行卡的方式完成缴费，如图8-10所示。

【案例】▶▶▶

××小区无人值守停车管理系统与方案

一、工程概况

××小区位于××路广场，占地约12万平方米，大约有1000个停车位，现在采取人工岗亭收费方法对出入车辆进行收费管理，因车流量过大，出口收费处收费会造成拥堵。

××小区共有4个出入口，西侧两个出入口，北侧两个出入口，控制机房在北侧中间偏西处。此次我们提议采取纯车牌识别技术及快速道闸进行全停车场无人值守管理。车辆经过自动识别车牌号码进出停车场，无需取卡、取票、刷卡，进出可无人值守，访客临时车辆自动识别车牌计时/计次计费并经过自助缴费机缴费出场。部分不识别或无车牌车辆用高效后台人工模糊识别填补。每个车牌权限能够对用户进行自定义设置，可设置月租、次租、储值、车位、门禁组等，同时实现自助缴费服务和手持机缴费服务。

二、系统介绍

新型智能无人值守停车场以车牌识别为主，实现对进出车辆车牌信息识别，每一辆出入停车场的车辆全部有出入图片匹配，由系统软件依据收费方案核实收费金额并显示在自助缴费界面上，不需要另行购置任何耗材，只需将车辆车牌信息下载到立体高清车牌识别摄像机上即可，车辆进出场时能够实现不停车通行。

整套系统使用简单、维护方便、稳定性强，采取TCP/IP网络通信，布线简单、方便，大大降低了施工难度，便于设备调试及维护。另外，系统还将车牌人工比对升级到自动识别，提升了立体高清车牌识别摄像机图像清楚度、处理速度和图像智能分析能力，有效控制了一卡多用和保安乱收费等现象。

传统停车系统和智能车牌识别停车系统性能对比

对比项目	传统停车系统	智能车牌识别停车系统
车辆入场	必须停车伸手刷卡或取票，上下坡道停车刷卡容易造成溜车、碰撞等事故，而且停车场卡片属于耗材，后期添加需要购置，还包含丢卡、坏卡、借卡等情况引发经济纠纷	免取卡、免取票。对于月卡车来说，进出停车场只需要匀速进出，其他操作均由车牌识别系统来进行，进出停车场只需要数秒时间
图像对比	进入只有IC卡或纸票，只能知道进入时间，无法留下整车照片	图像对比更安全。车辆出入停车场时候，车牌识别模块不仅对车牌进行抓拍，还会留下车辆整车照片，待车辆出场时候，系统将会自动进行图片对比，由此来确保车主车辆安全
缴费流程	自助缴费时需刷IC卡或纸票，IC卡或纸票本身轻易丢失，若丢失需补办，程序麻烦	自助缴费时只需输入车牌即可弹出进入时间，简单快速
缴费方式	自助缴费方法单一，必须刷IC卡或纸票才能缴费	可经过多个方法缴费，能够通过自助缴费机缴费，也可用手机下载智能车牌识别软件，手机上输入车牌即可缴费，用银行卡、微信、支付宝也能够缴费
车辆离场	车辆离场时，需停车刷卡或纸票，方可离场，轻易拥堵	已缴费车辆或月卡车辆，摄像机自动分析识别车牌（1.2s），即可开启离场

三、建设目标

（1）按车牌号控制车辆进出，无需卡，无需票，安全、快捷、高效。

（2）在车库入口处，动态实时显示车库内空闲车位情况。

（3）处理出入口拥堵问题。

（4）降低出入口管理，收费人力成本。

四、设计原则

（略）

五、设计标准

（略）

六、总体设计方案

6.1 系统设备组成及工作逻辑

6.1.1 立体高清车牌识别系统

立体高清车牌识别系统由一台立体高清车牌识别摄像机（带控制功效）作为主机，一台或多台立体高清车牌识别摄像机从机组成，经过多台主从摄像机从不一样角度抓拍车牌，立体多角度抓拍大大降低了对道路和车辆进入角度限制；主机功效强大，不仅能够独立进行车牌识别、控制道闸，而且能够分析处理从机车牌图片和识别数据，仲裁分析，嵌入式数据备份，和PC端进行控制和交互；从机辅助主机进行多角度图片抓拍和识别，从而实现立体识别，使识别率大大提升。

6.1.2 系统设备组成

该套系统关键由以下部分组成。

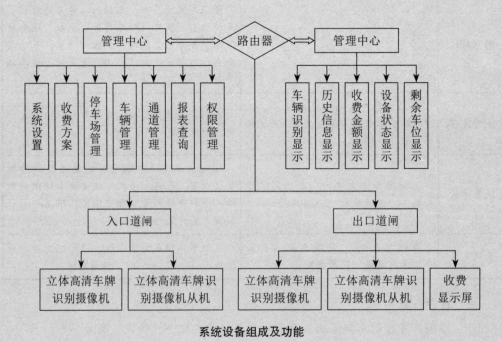

系统设备组成及功能

（1）入口控制部分：集成道闸、立体高清车牌识别摄像机（带控制功效）、立体高清车牌识别摄像机从机。

（2）出口控制部分：集成道闸、立体高清车牌识别摄像机（带控制功效）、立体高清车牌识别摄像机从机、网络高亮LED外显屏。

（3）岗亭终端：计算机主机、岗亭管理软件。

（4）管理中心：计算机主机、停车场管理软件。

6.1.3 系统拓扑图

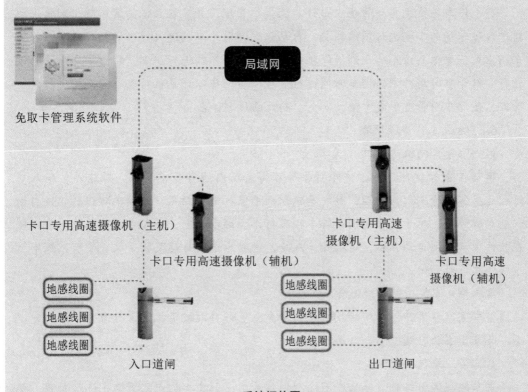

系统拓扑图

6.1.4 系统工作原理

6.1.4.1 临时用户车辆

当车辆进场时，车辆触发入场地感线圈，"立体高清车牌识别摄像机"自动抓拍入场车辆图像、自动识别车牌号、统计入场时间并将车辆信息传至服务中心，显示在岗亭中心屏幕上，管理人员可随时监控入口车辆情况，并可校正识别结果。

当车辆出场时，"立体高清车牌识别摄像机"自动抓拍出场车辆图像、自动识别车牌号，统计出场时间并将车辆信息传至服务中心，服务中心依据比对自动判定车辆性质，自动统计调出相关信息显示。车辆出场时系统将该车辆入场信息显示在岗亭计算机屏幕上，依据软件制订收费方案进行收费金额统计，以供管理人员对临时车辆进行管理。

6.1.4.2 固定用户车辆

在入口和出口安装"立体高清车牌识别摄像机",管理计算机将对应授权通道车牌信息下载到"立体高清车牌识别摄像机"内。车辆驶入或驶出停车场时立体高清车牌识别摄像机抓拍、识别、处理车辆车牌信息,并将识别结果传送到管理计算机,管理计算机利用识别结果查询数据库,假如摄像机和管理计算机断开连接,摄像机能够嵌入式脱机工作,不会造成车流堵塞,可不停车通行。

整个停车场系统实施管理中心计算机集中管理,并采取立体高清车牌识别摄像机对进入停车场的车辆进行图像抓拍,自动识别,引导车辆进入停车场指定区域。在停车场出口,立体高清车牌识别摄像机对驶出停车场车辆进行识别,对于固定用户自动放行,对于临时用户依据停车时间进行管理,管理中心计算机对整个停车场进行统一管理,使停车场管理形成方便、安全、高效的控制体系。

6.1.5 系统工作步骤步骤

第一步:车辆抵达入口。

车辆在出入口时,经过户外引导屏可得悉场内还有多少车位。抵达停车场入口时,地感线圈检测到信号后,触发车辆识别摄像机进行拍照,视频车牌识别软件自动识别车牌号码,对于无法识别车牌车辆进行车型颜色识别,并归入"待选"列表保留在软件中。道闸自动升起,司机开车入场,进场后道闸自动关闭。收费管理系统中该车辆停车计时开始。

第二步:车主进行自助缴费。

当车主准备离开停车场时候,先到事先放置好自助缴费机上进行缴费,缴过费以后,此车出去的时候道闸会自动放行。

第三步:车辆抵达出口。

当车辆抵达出口时,地感线圈检测到信号后,触发车辆识别摄像机进入拍照,视频识别软件自动识别车牌号码,假如车辆已经缴费,会自动抬杆放行;其他VIP、包月、包年、领导等内部车辆,系统识别以后也会自动放行。

6.2 系统软件功能

(略)

6.3 收费管理系统

(略)

6.4 主要设备介绍及功能说明

(略)

七、施工安装及调试

(略)

第三节 车位引导系统

一、何谓车位引导系统

车位引导系统是现代智能停车场管理系统中的一项重要技术，是通过在车位上安装的探测器来获得空车位信息，然后通过云平台的数据处理传给车主，从而引导车主泊车，如图8-11所示。

图8-11 车位引导系统区位引导显示屏

二、车位引导系统的功能

车位引导系统是智能化的停车场管理系统，具有图8-12所示的功能。

功能一	引导司机轻松、快捷停车，节约时间，降低油耗
功能二	对停车场利用情况做统计，合理分配资源，增加停车场经营效益
功能三	提升停车管理水平，提高物业管理形象
功能四	减少物业管理人力资源成本投入
功能五	轻松实现车位预订服务
功能六	准确的停车数据统计分析

图8-12 车位引导系统的功能

三、车位引导系统的类型

目前市场上使用的车位引导系统主要按探测器不同来分类,分为超声波车位引导系统和视频车位引导系统。

1.超声波车位引导系统

超声波车位引导系统是通过安装在车位上方的超声波探测器,实时采集各个车位停车情况,让车位指示灯显示红/绿色,同时,节点控制器对超声波探测器的状态进行收集,反馈给总控制器,总控制器对整个车场的车位停放信息进行分析处理后,将空车位数据发送给场内各LED显示屏,方便指引司机将车辆驶入空车位。其工作原理如图8-13所示。

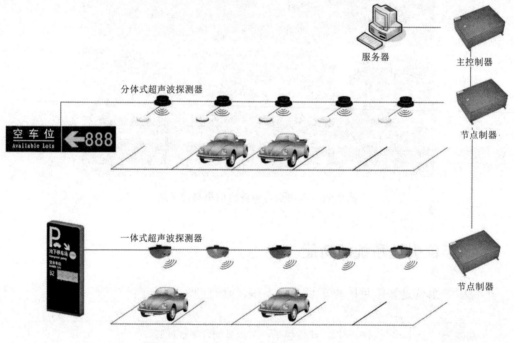

图8-13　超声波车位引导系统的工作原理

2.视频车位引导系统

视频车位引导系统是一套基于视频识别技术的智能车位引导系统,通过在车场的停车位上前方安装车牌识别摄像机,车牌识别摄像机对一个或多个车位的视频信息进行实时处理,检测车位状态、车辆的车牌号码,并将车位占用状态直接传输给车位引导屏,用于向司机发布空余车位引导指示,同时,将车牌号码及车位图像传输到数据服务器进行储存,并用于反向寻车。其工作原理如图8-14所示。

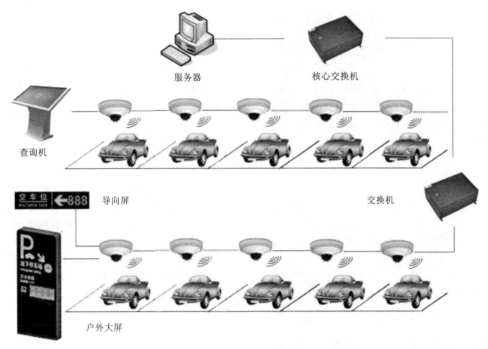

图8-14 视频车位引导和反向寻车系统的工作原理

比如,××视频车位引导系统由引导部分和反向找车部分组成,引导流程如图8-15所示。

	车主驾车进入停车场前,可通过停车场总入口处的"入口信息引导屏",了解停车场各层空车倍数
	车辆进入停车场后,各个分岔路口上方的"信息指示屏",显示该分岔路口各个方向当前空车位数
	每个车位正上方的"车位监控相机",指示灯为绿色时,表示该车位为空车位;指示灯为红色时,表示车位上已有车辆停放

图8-15

车辆停放后，户外及室内的信息指示屏会自动将当前位置的空车位数扣减掉1，完成本次车位引导

取车时，可通过任一查询机查询车辆状态、位置、停车时间。支持模糊查询，如车主只记住了自己车牌号的一部分，可通过查询机列出匹配车牌，并通过实时视频预临图像，进一步确认自己车辆

一旦确定车辆，系统会规划出最优的寻车路线，按照指示的路线，车主可最快速地寻找到自己的爱车
车辆驶出车位后，户外及室内的信息指示屏会自动将当前位置的空车位数增加1，完成本次反向寻车

图 8-15　视频车位引导系统的引导流程

四、车位引导系统的建设目标

车位引导系统是新型的停车场智能化管理系统，目的是引导进场车辆尽快找到理想的空车位，避免通道拥堵，提高停车场运行效率，也能有效提高物业的美誉度。因此，对于物业服务企业来说，车位引导系统的建设应达到如图8-16所示的目标。

目标一	尽快引导车主找到空闲车位，快捷停车
目标二	实现停车场的信息化、智能化管理，根据车位占用的翔实数据，科学统筹，合理充分地利用停车场的资源

| 目标三 | 在大型活动时或者车流量超多时,准确地掌握车位剩余情况,做好疏导分流预案 |

| 目标四 | 引导系统需要能快捷地纳入城市交通诱导系统,剩余车位等数据能实时地发布到周边主要道路的引导屏上 |

| 目标五 | 引导系统应该运行稳定可靠、性能先进、可扩展、可升级、易维护 |

图8-16 车位引导系统的建设目标

【案例】▸▸▸

停车场车位引导系统解决方案

第1章 项目概述

1.1 项目背景

传统停车场存在进出场效率低、找车位难、找车难、管理难、管理成本高等诸多问题,本次设计将打造为现代先进、可视化、智能化的停车场综合管理系统,以达到车主停车方便、快捷、安全,管理单位管理科学、高效、服务优质文明的目的,对提高车主停车体验及管理单位的管理层次和综合服务水平方面将起至关重要的作用。

1.2 需求分析

结合现场的实际环境特点,以及与客户的技术需求的深入探讨交流,对停车场管理系统进行如下需求分析。

(1)传统车场无空余车位信息发布,造成车主进场后无车位可停,浪费车主时间。本次项目建设需解决该问题,打消车主担心入场后没有剩余车位的忧虑。

(2)对于传统停车场,车主进出场需要停车刷取卡,进出场效率低,且易造成拥堵。本次项目建设需解决该问题,实现不停车进出场,提高进出效率及车主停车体验。

(3)传统停车场缺乏相关引导设施,车主找车位难,浪费车主时间,增加车辆油耗。本次项目建设需解决该问题,让车主享受停车的方便、快捷,提升车主停车体验及车场的服务形象。

(4)传统停车场无寻车应用系统,因车场空间大,结构复杂,缺乏有效参照物,车主找车难,浪费时间,以及影响车场吞吐率。本次项目建设需解决该问题,缩短车主寻车时间,使车主能快速离场,提升车主停车体验及车场吞吐率,增加车场效益。

(5)传统停车场缺乏有效的视频监控,交通、偷盗、汽车刮擦等事故频发,经常引起纠纷，无证可查。本次项目建设需解决该问题，车场无死角，实时视频监控，实现事中可控、事后可查，让车主可安安心心停车、管理单位轻轻松松管理。

（6）传统停车场人工管理，管理成本高、管理难、服务质量难以把控。本次项目建设需解决该问题，实现出入口无人值守，减少人工成本，提高服务质量。

第2章 方案设计

2.1 设计原则

（略）

2.2 设计依据

（略）

2.3 总体设计

本次系统由出入口管理、车位引导及反向寻车、存储、网络传输四大子系统构建，各子系统主要功能如下。

（1）出入口管理系统：实现车辆进出场管理，对不同类型的车辆实现不同权限的进出场管理。

（2）车位引导及反向寻车系统：引导车主快速找到空车位停车，及协助车主快速寻找到自己的爱车。

（3）存储系统：存储车辆进出场、停入车位抓拍的图片以及车牌识别相机、车位检测器的视频图像。

（4）网络传输系统：用于各个子系统的数据传输。

2.4 详细设计

2.4.1 出入口管理系统

本次项目出入口管理系统采用视频识别进出场管理方式，出入口管理系统通常设置在地面车场出入口、地下车库出入口等处，对所有临时和固定车辆开放。通过前端车牌识别相机抓拍车辆图片及识别车辆车牌号，利用网络将车辆图片及车牌号等数据发送至后端管理中心进行存储及车牌号比对，确保车辆的进出有据可查，确保车辆的进出可控，确保停车位的合理利用，加强出入口的高效和安全管理。

本次出入口管理系统设计采用无人值守管理方案，提高车主停车体验及节约管理单位管理维护成本，主要功能如下。

（1）临时车辆：入场车牌识别自动放行，自助缴费（APP/微信公众号、自助缴费机自助缴费）不停车出场。

（2）固定车辆：系统比对白名单不停车进出场。

（3）无牌车辆：微信扫码进出场。

2.4.1.1 系统架构

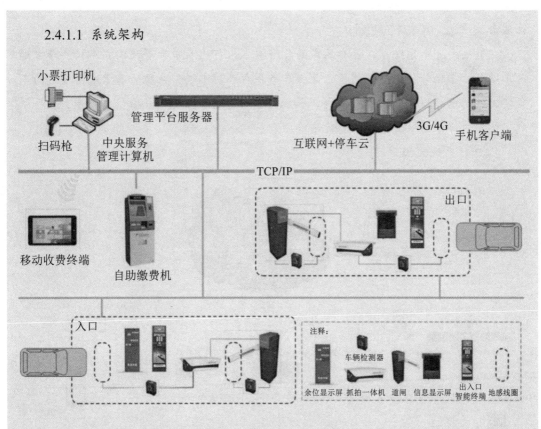

出入口管理系统架构图

本次项目出入口管理系统具备对临时车辆进行权限放行和对固定用户进行认证管理的功能。整套系统由车牌识别相机、道闸、出入口智能终端、车辆检测器、地感线圈、信息显示屏、余位显示屏、管理平台服务器、管理计算机、小票打印机、扫码枪、互联网+停车公有云、手机客户端等组件构成。

2.4.1.2 系统应用流程

（略）

2.4.2 车位引导及反向寻车系统

本次新建系统包括车位引导和反向寻车两大业务部分。

（1）车位引导系统。车位引导系统是在每2个、3个车位正前方上方安装一台视频智能车位检测器或在左右三车位的正中间前上方安装一台视频智能车位检测器，同时检测2、3、6个车位的状态及车位所停车辆信息。视频智能车位检测器集智能识别检测与显示功能为一体，检测器可迅速识别出车辆的车牌号，车位指示灯显示红色时，表示车位检测器所覆盖范围内无空车位；显示绿色时，表示车位检测器所覆盖范围内有空车位；车位引导屏从管理平台获取关联区域相关车位检测器检测信息，实时更新区域余位信息，实现车位引导。

（2）反向寻车系统。在停车场内的各个重点人行出入口部署反向寻车机，车主通过车牌号、车位号、停车时间段、无牌车查找自己的车辆，系统会基于地图模式为车主实时规划出寻找爱车的最优路线。车主也可以通过手机APP或微信公众号，在手机端实现室内停车场一键寻车、实时导航。

2.4.2.1 系统架构

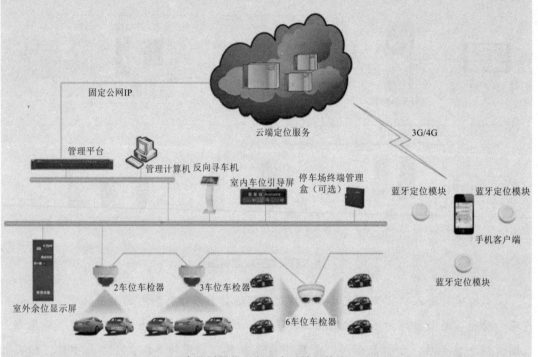

车位引导及反向寻车系统架构图

本项目的可视化智能视频识别车位引导及反向寻车系统凭借强大的技术实力，创造性地采用了新型系统架构；整个系统由车位检测器、室外余位显示屏、室内车位引导屏、停车场终端管理设备、反向寻车机、蓝牙定位模块、云端定位服务、手机客户端、控制计算机和管理平台组成，大大简化了系统组件，防止了组件过多来带来的系统臃肿问题，又降低了系统对管理中心的依赖程度，使系统的应用更为灵活多变。其中视频车位检测器根据不同型号可以分别同时管理2、3、6车位，适用于地下停车场不同车位场景，同时，检测器采用创新型的双网口手拉手接线方式，极大程度地节省了系统建设成本。

2.4.2.2 系统应用流程

（略）

2.4.3 支付系统

2.4.3.1 系统架构

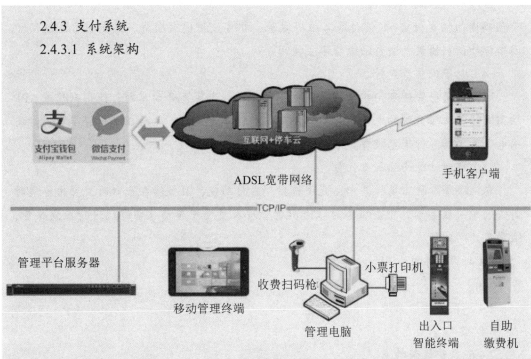

支付系统架构图

本次新建支付系统由中央服务台人工收费，整套系统由出入口智能终端、互联网+停车云、手机客户端、扫码枪、管理计算机、停车场本地管理平台等组件构成，该支付系统建成后可大大减少停车场人工管理成本，提升车主停车支付体验。

2.4.3.2 系统功能

（1）APP/微信公众号支付。

车主扫描场内二维码，关注微信公众号或下载APP，在微信公众号或APP中使用支付宝/微信完成支付，该支付方式适用于车主进行手机自助缴费，具体支付流程如下。

① 有牌车主直接在微信公众号或APP中输入车牌号查询缴费金额，完成缴费。

② 无牌车主使用微信自助扫码场内粘贴的无牌车缴费二维码进行缴费，扫码后上传微信号至管理平台查询缴费金额（无牌车入场扫码上传微信号作为缴费凭证），通过微信完成支付，出场时可再次扫码上传微信号至管理平台查询是否缴费，系统自动开闸。

（2）出口自助扫码支付。

未缴费车辆出场，车牌自动识别，车主用微信扫描出口处的与出口相机关联的固定二维码，弹出带有缴费金额、车牌号的支付页面。对于无牌车则弹出带有缴费金额、微信号的支付页面，缴费后自动开闸放行。该支付方式适用于忘记缴费的车主使用。

（3）中央服务台人工收费。

对于入场时车牌识别错误的车辆车主，可到中央服务台模糊匹配查询缴费，可用于扫码枪扫描支付宝/微信付款二维码缴费，亦可使用现金缴费，该支付方式适用于因车牌号识别错误无法自助缴费车主使用。

（4）电子优惠券支付。

商户向商场管理部门申请或购买电子优惠券，车主离开商家前，使用微信或APP扫商家计算机客户端的电子优惠券二维码获取停车优惠券，之后在支付停车费用时使用电子优惠券进行优惠缴费。

（5）移动收费终端人工收费。

忘记缴费车辆出场时，车主无手机扫码支付功能，且被堵在出口时，可用可视对讲呼叫中央服务台，中央服务台派遣附近管理人员使用移动收费终端进行应急收费，缴费后开闸放行。

2.4.4 存储系统

（略）

2.4.5 网络传输系统

（略）

2.4.6 系统优势特点

（略）

第3章 软件功能介绍

（略）

第4章 设备清单

（略）

第5章 设备参数

（略）

第四节

新能源车辆充电桩

一、何谓充电桩

充电桩，其功能类似于加油站里面的加油机，可以固定在地面或墙壁，安装于公共建筑（公共楼宇、商场、公共停车场等）和居民小区停车场或充电站内，可以根据不同的电压等级为各种型号的新能源汽车充电。

二、充电桩的种类

1. 按安装方式分

可分为落地式充电桩、挂壁式充电桩。落地式充电桩适合安装在不靠近墙体的停车位。挂壁式充电桩适合安装在靠近墙体的停车位。

2. 按安装地点分

按照安装地点，可分为公共充电桩、专用充电桩和自用充电桩三类。公共充电桩是建设在公共停车场（库）结合停车泊位，为社会车辆提供公共充电服务的充电桩。专用充电桩是建设单位（企业）自有停车场（库），为单位（企业）内部人员使用的充电桩。自用充电桩是建设在个人自有车位（库），为私人用户提供充电的充电桩。

3. 按充电接口数分

按充电接口数可分为一桩一充和一桩多充。

4. 按充电方式分

按充电方式可分为直流充电桩（栓），交流充电桩（栓）和交直流一体充电桩（栓）。

三、充电桩的构成

根据充电桩的一般结构，并结合充电桩所要实现的功能，可以将充电桩分为如图8-17所示的三个板块。

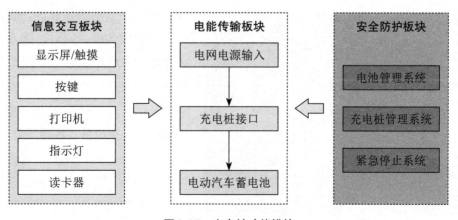

图8-17　充电桩功能模块

1. 电能传输板块

将电网提供的电流通过接触器与电能表相连,随后流入充电电路单元,在智能充电桩的控制之下完成对电动汽车蓄电池的充电。由于新能源发电可利用的资源丰富,在一定程度上可以缓解电动汽车在充电高峰期对电网产生的巨大压力,所以许多充电桩采用新能源发电与智能电网共同配合的发电模式,共同促进新能源发电和电动汽车的发电。

2. 信息交互板块

为使用户能够更为方便直观地使用智能充电桩,设计了人机交互板块。用户需要刷卡支付本次充电的费用,因此要设有专有的磁卡识别器。用户通过界面以及声音的引导提示,可以快捷地给电动汽车进行充电,并且对电动汽车的电量以及产生的金额费用有直接的了解。充电完成之后,可以通过发票打印机获取本次充电的有效票据。

3. 安全防护板块

为使用户能够在使用充电桩完成电动汽车充电过程之中保障人身以及充电设施的安全,充电桩内应设有安全防护的板块,用于检测充电桩内部以及电动汽车蓄电池的温度、电流和电压等情况,来评估充电桩当前的运行状态是否在正常范围之内。与此同时,充电桩设有紧急停止的模块,可以及时断电,从而保证用户的安全。

四、充电桩的建设要求

2021年5月20日,国家发展改革委、国家能源局发布了《关于进一步提升充换电基础设施服务保障能力的实施意见(征求意见稿)》(以下称《意见稿》)。《意见稿》提出,要加快推进居住社区充电设施建设安装,推进既有居住社区充电桩建设,对积极支持配合充电桩安装的居住社区,管理单位可予以专项奖励。同时,新建居住社区要落实100%固定车位预留充电桩建设安装条件。鼓励充电运营企业或居住社区管理单位接受业主委托,开展居住社区充电桩"统建统营",统一提供充电桩规划、建设、运营与维护等有偿服务,提高充电桩安全管理水平和绿电消费比例。××小区智能充电站如图8-18所示。

图8-18 ××小区智能充电站

【案例】

××小区充电桩项目施工方案

1.项目概况

（略）

2.施工流程

充电桩建设工程主要包含四个阶段：施工准备、工程施工、工程验收和投入运营阶段，每个阶段都有具体的施工流程，具体施工流程如下图所示。

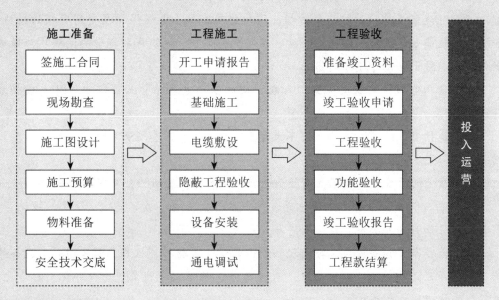

3.设计方案

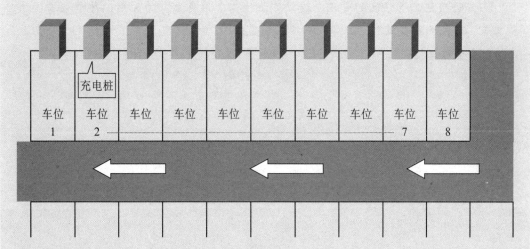

设计方案说明如下。

（1）自××小区红号电源配电室引出电源，至停车场充电桩附近，并设置防雨分线柜。

（2）电缆采用穿管埋地敷设。

（3）充电桩及配电箱采用浇筑基础落地安装，距离车挡不小于1m。

4. 施工要求

（1）供电电源采用TN-S系统，为三相五线制，接地电阻应小于4Ω。

（2）电能质量。

AC 380V供电电压正、负偏差围：-7%～+7%。

AC 220V供电电压正、负偏差围：-10%～+7%。

（3）缆线穿设前，管口应做防护，端口处应有防止电缆保护层受到磨损的措施，如增加橡胶垫；穿设后，管口应封堵。在实际施工中，电缆保护钢管的两端均应做成喇叭口，以防止电缆外皮被划伤。

（4）金属电缆桥架及其支架引入或引出的金属电缆导管必须接地（PE）或接零（PEN）可靠。

（5）线槽安装位置左右偏差应不大于50mm，水平偏差每米不大于2mm，垂直线槽垂直度偏差不大于3mm。

（6）线槽的导线或电缆不应有接头，接头应在分线盒或出线口处进行。

（7）施工中如需占用业主场地或道路；用水、用电；破坏道路、绿化、设施等，需要提前告知业主并协商一致，不得野蛮施工。

（8）合理布置和安放施工期间现场所需的设备、材料、机具，明确材料、设备等物质需要量及进场计划、运输方式、处置方法，确保实现施工现场秩序化、标准化、规范化，体现出文明施工水平。

（9）明确施工责任区的管理，遵循"谁施工、谁负责"的原则，每个施工区域、施工点、作业面都要做到"工完、料尽、场地清"。

5. 安全保证措施

（略）